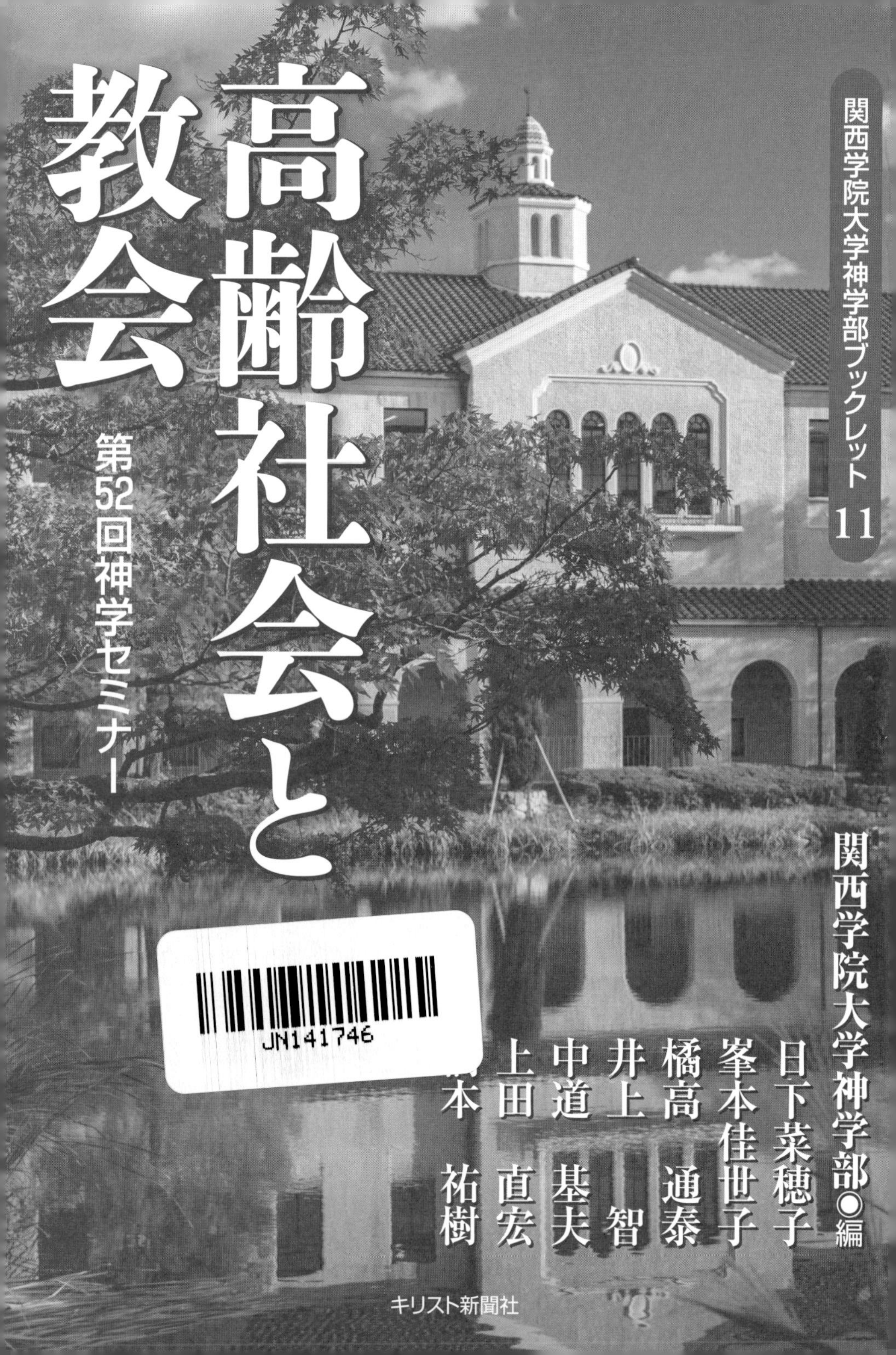

関西学院大学神学部ブックレット 11

# 高齢社会と教会

第52回神学セミナー

関西学院大学神学部◉編

日下菜穂子
峯本佳世子
橘高通泰
井上智
中道基夫
上田直宏
[illegible]本祐樹



キリスト新聞社

# 巻頭言

関西学院大学神学部ブックレットは、毎年二月に行われている「神学セミナー」の講演と礼拝を収録したものです。

この神学セミナーでは、神学的なテーマを扱って学ぶということよりも、現代において神学や教会が対峙している問題、また神学や教会自身が問われている問題を取り上げ、神学者だけではなくその問題の専門家にも話を聞き、対話をしつつ神学することを目指しています。また、教会の現場からの声も聞き、現場での具体的な神学の展開を目指すものでもあります。さらに、いったいそのテーマを礼拝としてどのように表現することができるのかを試みています。

神学部ブックレットの一つ一つのテーマの上に一つの組織だった神学があるわけではありません。一つの根本的な神学を啓発するためにセミナーを開催しているわけでもありません。むしろ、現代はそういう「the 神学」というものが崩れ去った時代であろうと思います。

かといって、もはや神学に希望がないわけではありません。むしろ神学部ブックレットの各号で扱われている課題やそれとの神学的対話が一つのタイルとなり、それが合わさってどのようなモザイク画ができ上がるのかが期待される時代なのではないでしょうか。

このような神学的な試みを、ブックレットというかたちで出版する機会を提供してくださったキリスト新聞社に感謝申し上げます。一人でも多くの方がわたしたちの取り組みを共有してくださり、今日における神学、教会、宣教の課題を多様な視点から共に考えていただき、新しい神学の絵を描く作業に加わっていただければ幸いです。

関西学院大学神学部

# 目次

主題講演

# 人生100年時代の生きがい追求

## 日下菜穂子

日下菜穂子（くさか・なほこ）
兵庫県西宮市出身。同志社大学卒業。関西学院大学大学院修了。博士（教育心理学）。現在、同志社女子大学現代社会学部教授、臨床心理士。
高齢者心理学を専門に、年を重ねるほど心豊かに生きる「ワンダフル・エイジング」の実現をめざすポジティブ心理学の取り組みを行っている。
主著 『ワンダフル・エイジング──人生後半を豊かに生きるポジティブ心理学』（ナカニシヤ出版、2011年、単著）、『人生の意匠──心理・社会・超越性からのアプローチ』（ナカニシヤ出版、2016年、共編著）ほか。

## 高齢者の「生きがい創造」

私は高校生の時から「年を取ったらどんなふうになるんだろう」ということに興味を持っていまして、大学で心理学の勉強を始めました。一年生の時に発達心理学を学びましたら、ようやく最後に高齢者を扱うわけです。その講義の教科書では、最終章の一行目が「年を取ると衰える。辛気くさくなる。内向する」と書いてありました。これには驚きました。私の周りにいる高齢者は明るく元気に活躍しておられる方が多かったからです。これはちょっと違うぞ、と思ったのが高齢者心理学を研究するきっかけでした。関西学院大学大学院に入って本格的にこのことに取り組むようになってからも、高齢者心理学への関心は全体的にはまだ低かった時代でした。そこで私はひとまず老人施設へ出かけていって、いろいろな方のライフヒストリーを聴く作業をしていました。

現在では人生一〇〇年時代を見据えて「ライフデザイン」をどうするかということが言われるようになりました。これに応えるために、心理学の分野では認知行動療法が用いられることがあります。自分の考え方や気持ちを自分で見つめ直し、バランスの良い心の状態を保って自分の生きたい人生を生きられるようになることを目指します。私はいま「生きがい創造教室」というプログラムを行っています。うつ予防も兼ねて、六五歳以上の人に参加してもらい、一〇回のセッションを終えるとかなり元気になられます。ただ、半年後に追跡調査をすると、元に戻ってしまっている方も見られます。

そこでプログラムを終えたあとも生きがいをもって社会参加できるコミュニティを作ろうと、月に一回、大学の中で高齢者に集まっていただく「ワンダフル大学院」を始めました。「六五歳を過ぎたらプロフェッサーになろう」が標語です。といっても国に認可された正式な大学院ではありません。スタッフは何も教えず、高齢者の方が講師になります。一人につき一五分間、自分の特技を活かしてどんなふうに人生を過ごしているか話していただいています。

## ロボットでつなぐ絆

二年ほど続けていましたら、見学者がたくさん来るようになりました。しかも企業の方が多いのです。介護機器などの開発者の人々が、ユーザーである高齢者の方の声を聞きたいということで来られます。そこで、高齢者からの要望を企業の方が受け取り、企業の方はニーズに対応した情報を高齢者に提供しながら、互いのコンセンサスが得られるようなミーティングプレイスを作りました。高齢者も聞かれたことに答えるだけではなく、自分たちからもアイディアを提案できるように、企業の方の協力を得て学習されます。この場所を私たちは「ラボ」と呼んでいます。

昨年にはこのラボで、最高齢八六歳の方から現役学生までが協同で、ヒューマノイドロボット「ペッパー」のアプリを作りました。ソフトバンクロボティクス株式会社が主催するアプリコンテストの「Pepper App Challenge 2017 Autumn」に応募しましたが、残念ながら選考からは漏れてしまいました。けれども、コンテスト後の「尖っている作品」というくくりで「ＰＡＣ作品自慢総選挙」に出場し、今もネット上で紹介していただいています。

このアプリはペッパーが抱えている悩みを高齢者と学生が一緒に考えて解決してあげようというものです。ちなみにペッパーの悩み事というのは、リアリティを追求して人間国宝で京舞の家元である五代目井上八千代さんにインタビューした際にお聞きしたものを、ロボットに組み入れました。高齢者と学生が二人で一緒に考え、ペッパーに問いかけながら悩みの本質に近づき共感します。困っているペッパーを私がなんとかする、という有用感は自己効力感を高めますし、助けてあげなければという使命感が高齢者と学生の協同を促します。つまりペッパーが学生と高齢者をつなぐ役割を果たすわけです。このアプリの開発にはだいたい三カ月くらいかかりました。

このアプリを開発したきっかけは、ふだんの活動のあり方からです。高齢者と大学生が一緒に活動すると、大学生が高齢者をサポートするという形になりがちです。ところがそこへ高齢者も学生もよく知らないペッパーという異質なものを放り込むと、誰もが対等の学習者の立場になります。このアプリを開発の取り組みでは、コンテストで優勝するという目標を共有することで、高齢者と大学生が同じ目線で意見を通わせることになりました。

こうしたプロセスも研究対象として分析しました。すると高齢者は過去を受容し、未来への不安が減少しました。たとえば「今どきの若い者は」と言っていた高齢者が「なかなかやるじゃないか」と大学生を見直します。コンテストに落ちてこの世の終わりかのように泣いている大学生を高齢者が「人生まだまだこれからだよ」と慰めます。違う世代の人たちが協同するプロセスで強みを出し合うことで、最後は互いに信頼を寄せ合う仲間になります。さらに高齢者はここで身につけたプログラミング技術を小学校で教えられるようになろうと、今年度も継続して参加して学ばれています。

## 高齢者主体の「ワンダフル大学院」

それでは「ワンダフル大学院」の実際の様子をご紹介しましょう。ここは、参加者が主体になってコミュニティを形成する実践共同体（Community of Practice）の実験場として位置づけています。毎回、高齢者にはいろいろな講習を担当していただきます。フォークダンスを生きがいにしておられる方はダンスを、その他にストレッチ、歴史、音読の講座などもあります。条件は、一人でやらずに必ずチームを作ること、それから参加者も含めた全員で体験できるアクティビティを含むことの二つです。講座では、なぜその活動に生きがいを感じているのか、つまりその方にとっての活動の意味を語っていただきます。語りを通して日々の営みの中にある意味に気づき、その意味を他の人と共有していただきたいと思っています。

高齢者の方は、最初は人前で話すことに抵抗がある方もいらっしゃるようなのですが、次第に自己開示が楽しくなってこられるようです。すでに「生きがい創造教室」の方で信頼関係ができているというのも大きいようです。失敗しても受け入れ合える土壌ができあがっているわけです。もちろん課題もあります。こういった場所に来られる高齢者は健康面や社会的な側面で比較的恵まれた方々が多いわけです。ただ、現時点で平均年齢は七五歳を超えていますので、体の不調を抱えている方もいらっしゃいます。どうすればこういった方々と九〇歳、一〇〇歳までお付き合いできるのかというのがこれからの課題になります。

## 老年期と健康寿命

そこでいわゆるサクセスフル・エイジング、元気なまま年を取りましょうという理念が今の高齢者にどこまで応用できるのか、生きがいを持って年を取り続けられるのか、そもそも生きがいは必要なのかということについてさまざまな角度から考えてみたいと思います。

まず、いつから老年期なのかということです。子育てが終了し、仕事もある程度責任を果たした、言ってみれば達成の時期が老年期とすれば、定年を六〇歳としても人生一〇〇年時代となるとこの時期が四〇年近くあることになります。その前半には、体はとても元気という人は多いですし、働く意欲が高い人も少なくありません。これまではこの引退後の高齢者に注目して、加齢を遅らせる老化抑制などの予防理論をしてきたわけです。しかし現在では、年齢の高い高齢者の数が増えています。そこで体力ではなく、心理的側面からサクセスフル・エイジングを考え直してもいいのではないかとも思うわけです。

たとえば一時期、東京の日本科学未来館が入場チケットの裏側に「永遠に生きられたら、永遠に生きるだろうか？」と印刷して話題になりました。ちなみに大学生たちにこの質問をするといろいろ条件をつけてきます。いつまでも二〇歳の若さと経済力があれば生きたい、しかしそうでなければ永遠には生きたくない、などです。つまり長生きした結果、寂しさや老衰に見舞われるのは不幸であり、そのような思いをしてまで長生きしたくないという意識があるのです。

では実際に高齢者はどう思っているのかというと、六〇歳以上の七〇％は「将来に不安」を感じているという調査結果が出ています。不安の一位は自分や配偶者の病気や健康、次に寝たきりや要介護になること、そして収入でした。やはり身体と経済が二大不安なのですが、身体の方が圧倒的に不安の原因としては大きい結果です。

実際、平均すると女性は晩年の一二年間、男性は一〇年間を不健康な状態で過ごしているという統計結果があります。国がいま行っている施策の多くは、この期間をできるだけ短くしようというものです。とはいうものの、平均寿命そのものが伸びれば不健康で過ごす絶対時間は延びる可能性が高くなります。一〇〇年のうちの一〇年というと、人生の一〇％ということになりますが、一〇年という期間は人生の初期に置き換えると生まれてから小学校三年生までということになります。これは決して短いとは言えないですし、長生きすることはリスク（危機）だと考えられても仕方ないわけです。

今日のテーマの「一〇〇年」ということに関して言えば、二〇一七年の厚生労働省の発表によれば、一〇〇歳以上の高齢者は全国に六万七〇〇〇人あまりいるそうです。一世紀生きた人ということで「センチナリアン」、ストレスやリスクを上手に避けて生き抜くことができる人という意味で「サバイバー」と呼んだりします。「センチナリアン」「サバイバー」の数は年々増加しています。いま七〇歳の女性は一〇人に一人がなれるとされています。残念ながら男性は五〇人に一人です。ただし、日野原重明先生のように最期までしっかりと生きられる人は非常に恵まれていると言えます。実際には一〇〇歳以上の高齢者の八割は認知症で、病気のない人となると五％しかいません。一〇〇歳までは生きられるかもしれないけど、五％に入れるかというと自信はないですし、不安になります。本当は年を取れば身体が衰えるのは当たり前の話なのですが、それに抗おうとしているのが現代社会なのです。

## サクセスフル・エイジング論

そこでサクセスフル・エイジング論です。提唱され始めたのは一九八〇年代です。この時代のアメリカは終身雇用制度の崩壊、離婚率の増加に伴い、会社や配偶者に頼らず自分の人生は自分の責任でマネジメントしなければどうにもならないということが非常にリアルに学問にも反映されました。大学でキャリアカウンセリングが発達したのもこの時代です。それまで発達心理学は二〇歳くらいまでしか扱っていませんでしたが、生涯発達という概念も登場し、老いの研究も盛んになりました。老いの実態が明らかになるにつれて、キャリアをマネジメントするように老いをマネジメントして加齢変化をコントロールしようという発想が出てきました。これがサクセスフル・エイジング論です。

ただ、このサクセスフル・エイジング論は、自分の人生に責任を持ち、より良い生活を選択して実現することを人の権利だとする欧米社会の人間観に基づいた考え方と言えます。果たしてこの考え方が集団主義的な日本に適合するだろうかと疑問を抱いた日本の研究者たちは、二〇〇〇年代に入って日本文化をベースにした老年学をという動きも出てきました。二〇〇九年に東京大学で高齢社会総合研究機構が発足したのはその一例です。また、サクセスフル・エイジング論はもともと「健康」「認知機能の保持」「社会貢献」の三つを条件としていましたが、現在は心理的ウェルビーイング、すなわち、生活の質をいかに認知するかという主観的評価も加わるようになっています。

## 「サクセスフル」から「ワンダフル」へ

確かに健康は第一条件なのですが、健康はあくまで何かをするための手段にすぎないのです。ある調査では身体が衰えるはずの高齢期の人に、幸福感が高い人が多いという結果が出ています。加齢による衰えと幸福感の上昇が反比例していることをエイジング・パラドックスと言います。これを説明する理論として社会情動的選択理論というものがあります。若い時は未来のためにリスクをとり、チャレンジをして、その時は不幸に感じるかもしれませんが、未来に幸福になるための投資をします。しかし年を取ると既知のものの中で心地良いものだけを選択するようになり、不快なものは遠ざけるようになります。つまり高齢者は無意識にいま幸福になれるような取捨選択をするようになる、というのが社会情動的選択理論です。

もう一つ、補償を伴う選択的最適化理論というものがあります。サクセスフル・エイジング論の第二段階とも言える生涯発達理論の提唱者であるポール・バルテスによれば、サクセスフル・エイジングを達成するためには選択と補償と最適化の三つが重要になります。たとえば超絶技巧で知られたピアニストのアルトゥール・ルービンシュタインは晩年に得意の早弾きができなくなります。しかしそこでピアノをやめるのではなく、演奏会で弾く曲を減らしました。つまり、弾く曲を選択して練習の機会を増やす最適化を行い、全体的にはテンポを抑えて、一部を少し早く弾くことで、そこだけはゆっくりのところとの相対的な比較によって早く聞こえるという補償がおきました。こうして加齢による衰退に適応することで演奏に円熟味が加わりました。

ただし、バルテスの研究では補償と最適化が適用できるのは六七歳までです。それ以降は選択するのみになります（参考文献⑷）。長年の経験から予測力はありますので、加齢を見越して早めに選択し、できなくなることはやめ、それを補償するようなことはしなくなります。これは諦観による内向化とも言えますし、次世代に課題を残す、あるいはリスクに備えて余力を蓄えておくとも解釈できます。そうすると、サクセスフル・エイジングのモデルを実施できるのは比較的若いうちということになります。では八〇歳、九〇歳になってからはどうしたらいいのかというのは依然として大きな課題なのです。

さらに、年を取ってから幸福感が上昇するのは実は欧米の傾向で、日本では逆に一〇代、二〇代がピークで高齢者になると下がる傾向も見られます。欧米は狩猟文化で、果敢にチャレンジしないと食べ物が得られず、日本は農耕文化で常にリスクに備えて暮らすからだろうなどと説明されます。そして必ずしも欧米が良いというわけではなく、何でも自分の責任で選択し、マネジメントするというのはとても疲れることだと思います。欧米のエリート層を中心にマインドフルネスのブームが起きたことからも、欧米的なマネジメントの発想に彼ら自身も疑問をもつ時代に入ったと感じます。そこで現実的な活動能力から精神的な豊かさへ価値をシフトさせるため、サクセスフルの次の世界としてワンダフル・エイジングを提唱したいのです。生きる意味を追求して人生を心豊かにする生き方をワンダフル・エイジングと呼んでいます。ワンダフルには、新しい出来事との遭遇にときめく驚き（ワンダー）に満ちたという意味があります。人生は、日々の変化の中で新しい自己と未来に出会う驚きに満ちていて、より良く生きようする人は、一生を通じて成長します。老いという未知の世界で、変化し成熟していく新しい自己に出会う驚き、すなわちワンダーに満ちた実感が老いを豊かにするのではないかと考えています。

## 人生一〇〇年時代の「生きがい」

こうした人生一〇〇年の時代に必要なものとして「生きがい」を挙げることができるでしょう。「生きがい」とは何かということについては、神谷美恵子さんの『生きがいについて』をはじめ、たくさんの本がありますが、そうした本を読んでみると「生きがい」には二種類あることが分かります。一つは生きるゴールとしての目的そのもの、もう一つは目的に近づくプロセスで感じる気持ちです。ちなみに「生きがい」という言葉は日本語独特のものです。海外の方には「朝、寝床から起きる理由」と説明する人もいます。私はどちらかというと言葉の定義よりも、生きがいが何かを体験を通して気づいていただくことに重点を置いています。

たとえば手を五〇回ゆっくり叩きながら、ほかの人が質問することに回答してみましょう。手を叩きながら会話をすることはそれほど難しくありませんが、何回叩いたか分からなくなってしまったり、五〇回叩くという目標を忘れ、ただ手を叩き続けるだけになってしまったりする人がいるかと思います。つまりこれが「生きがい」の喪失です。目標を見失って日々のルーティンワークだけをこなしている人は、アルツハイマー型認知症になると症状の進行が早い一方、「生きがい」を意識する人は進行が緩やかという報告があります（参考文献⑤）。また、五〇回叩けと他人から言われて叩いている人はモチベーションを感じにくいですが、自分で選択して五〇回という目標を立てた人はそれを簡単には忘れないでしょう。こうした自己選択による目標の有無が脳や体の健康に影響するということが多くの研究から分かってきました。

「生きがい」を持つことは、どの世代においても重要です。心理学者のエリクソンは人生を乳児期から老年期まで八段階に分けました。乳児期では自分を絶対的に愛してくれる存在と関わることによって、自分と自分を取り巻く世界への基本的信頼感を高め、希望の力を獲得します。青年期に入るとアイデンティティ確立に伴う葛藤を抱えますが、それを乗り越えることで、社会の中で自己の存在の意味を発揮するという忠誠の力を獲得して生きていくことができるようになるとされます。つまりは子どもの頃から人間は関わりの中で自己を探索し、自分がここに存在する意味となる「生きがい」を見いだしていくことがとても大切な課題なのです。そして「人生一〇〇年」時代、七〇歳を過ぎてからも環境や自分の変化に応じて生きる意味を探し続けなければならないのです。しかし、人生の限りが近づく晩年には、自己の側面からだけでは「生きがい」を見つけることが難しくなります。ライフコースの終わりである死によっても途切れない自己の存在の意味を見いだし、希望を持って生きるには、自己を超えた他者や社会に目を向けるケアの感覚が必要となります。エリクソンは人格発達の最後の第八段階はまず死に直面する絶望から始まり、その絶望を乗り越える過程で人生の意味を考えます。そしてその意味を他の人に語ることで、自分がいなくなったその先に途切れずに意味が形を変えて継承されていくという感覚を得ることができると言っています。

こうした考え方をもとに、私が開催している「生きがい創造教室」では、一〇回のセッションのうち最初の四回をライフレヴューにあてています。そこに参加する高齢者の過去の人生を振り返りますと、出来事の意味づけにあたる個々人の価値が見えてきます。その価値と価値を結ぶ線が、過去から今をつなぎ、今から未来につながり、自分が亡くなったあとにも伸びていきます。つまりこれまでの人生の選択の連続性の先に生きがいを見つけられることがあるのです。それに気づくことができるのがウィズダム（知恵、英知）の力とされています。この人生に筋を通すような自分らしい意味づけの線を見つけることが、エリクソンの言う統合なのではないかと思います。「生きがい」は、なぜ今があるのかという意味を知ることと、そこからさらに周囲の人や社会がその意味に共感を寄せて引き継ぐ継承で成り立ちます。

## 人生の意味

エリクソンの発達段階は第八段階の老年期で終わっていますが、彼の死後に妻のジョアン・エリクソンは第九段階を提唱しました。第九段階についてはエリクソンも生前に、現代の長寿社会を見越して、彼の著書の中で示唆していました。ジョアンによれば第九段階の課題はライフレヴューと意味の伝達です。

実際に高齢者にライフレヴューを書いてもらうと、重要になってくるのは出来事と出来事をつなぐ意味です。なぜ私はこの人と結婚したのか、なぜ私はいまこの老人ホームにいるのか、そういった解釈の方が印象に残ります。つまり私たちが強く共感するのは、出来事そのものよりも出来事と出来事をつなぐ「ないもの」の方なのです。たとえば星座というものは実際には存在しません。存在するのは星だけです。しかし射手座、山羊座といったものはその名前の由来となった物語とともに何千年も伝承されています。実際には存在しない星座の物語に共感する人がいて、それが他の人にも響いたからこそ、今まで星座が語り継がれているわけです。高齢者の話というのも、出来事と出来事をつなぐ意味や解釈が共感を呼び起こすことで他の人に受容され、次の世代の生き方に影響する。それが死を超えても途切れない自己の継承であり、未来の希望につながるのではないかと思います。

エリクソンは世代間伝達を生き生きとした関わり合い（ヴァイタル・インヴォルヴメント）と表

現していますが、これはある意味で年を取って死ぬことの限界を乗り越えることではないかと感じます。

現実には、病気や死といった限界に触れることがなければこうした意味を探り、深く解釈するようなことはあまり行われません。ですから、生きる意味を見いだすことができるのは、多くの経験を持ち、死という現実に直面する高齢期の特徴ではないかと思います。

意味を知ると、人は意味が満たされる「ありがたさ（得がたいこと）」を「感謝」の気持ちとして感じます。感謝を言葉や態度で示す人は、認知機能の低下の影響が社会的側面に及びにくいという研究報告があります。言い換えれば対人関係は量より質なのです。意識的に感謝やポジティブな感情を持つようにしている人は生活の質、社会性を高く保ちやすいと言えます。こうしたポジティブな生き方をした人の脳を解剖すると明らかにアルツハイマーを発症していた形跡が見られても、なぜか最期まで社会性を保っていたりする例もあり、科学で説明ができません。

つまり年を取っても元気、というのは必ずしも医学的な意味での健康体でありさえすればよいということでもないのです。神学もそうだと思いますが、心理学は出来事そのものではなく、意味や文脈に注目し、見えないものに意義を見出す作業です。そこにこそ人間の豊かさがあると思います。年を取っても、また仮に認知症になっても、その人がその人であるということが受け入れられる社会が超高齢化時代に求められていると考えています。

※付記　本文中のペッパーアプリの開発は、ＣＯＩプログラム、「真の社会イノベーションを実現する革新的『健やか力』創造拠点」事業の助成を受けて行いました。

## 参考文献

（1）Lave J. and Wenger E. Situated Learning: Legitimate Peripheral Participants. Cambridge University Press, Cambridge, 1991.
（2）内閣府、平成二二年度高齢者の日常生活に関する意識調査。
（3）厚生科学審議会地域保健健康増進栄養部会　次期国民健康づくり運動プラン策定専門委員会、健康日本21（第二次）の推進に関する参考資料、2012; 25.
（4）Freund AM, Baltes PB. Life-management strategies of selection, optimization, and compensation: measurement by self-report and construct validity. J Pers Soc Psychol. 2002; 82（4）: 642-62.
（5）Boyle PA et al. Effect of purpose in life on the relation between Alzheimer disease pathologic changes on cognitive function in advanced age. Arch Gen Psychiatry. 2012; 69（5）: 499-505.
（6）日下菜穂子『ワンダフル・エイジング――人生後半を豊かに生きるポジティブ心理学』ナカニシヤ出版、二〇一一年。
（7）デヴィッド・スノウドン『一〇〇歳の美しい脳――アルツハイマー病解明に手をさしのべた修道女たち』ＤＨＣ、二〇〇四年。

現場報告

# 地域で見守り・支え合う

## つどい場活動

## 報告者1　峯本佳世子

峯本佳世子（みねもと・かよこ）
関西学院大学大学院社会学研究科（社会福祉専攻）博士前期課程修了、その後、キリスト教ミード社会館勤務などを経て、大阪人間科学大学・社会福祉学科教授を定年退職。政策科学博士（同志社大学）。現在、高齢者コミュニティケア研究所代表。
著書　単著『被災高齢者の生活復興と地域見守りの課題』（久美出版、2005年）、『地震災害と高齢者福祉』（久美出版、2015年）、共編著『高齢者に対する支援と介護保険制度』（学文社、2009年）、『事例中心で学ぶ相談援助演習』（みらい、2010年）ほか。

## はじめに

懐かしい関西学院大学のキャンパスでお話しできることを嬉しく思っています。今日は、老齢である私自身が日常的に取り組んでいる活動を少し紹介したいと思っています。皆さんと一緒に考えていくための機会とすることができれば幸いです。

## カフェの取り組みの始まり

私が教会員として所属する日本キリスト教団甲子園教会には奉仕部門という部署があるのですが、私も、またこの後に続けて報告される橘高さんも、ソーシャルワークの仕事をリタイアして少し時間的な余裕がありましたので、何かお役に立てることはないかと一緒に考えていました。教会の中では高齢化のことが議論されていました。地域の方や礼拝に来た方がゆっくりと話をすることができる場所が必要ではないかということで、仕事で得てきた経験や知識を生かし、教会でカフェの実施を提案し、二〇一二年に「ホットカフェ　シャローム」という名称でカフェの取り組みがスタートしました。当初、教会の高齢者の孤立防止、交流機会の提供、高齢者相談といった点を視野に入れていましたが、「相談」についてはお互いに身近すぎてかえって相談しにくいことが分かりました。

教会では毎週何らか行事があるため、カフェは多いときは年四回、少ないときで年二回ほどの開催ですが、現在まで計一四回続けています。毎回、一つのテーマを決めて皆でおしゃべりをするということを趣旨にするようになっています。礼拝後にすぐに帰ってしまうのではなく、同じ場所に集ってゆっくりとおしゃべりをすることがまずは大事だと思うのです。一回の参加費は一〇〇円です。今は難しいだろうとも感じていますが、私自身は、このカフェが将来的には地域に開かれたものになることを願っています。教会という場所は、本来は地域の方も集える場所であってよいと思います。キリスト教や礼拝といった事柄以外の目的のために、地域の方々の活動の拠点としても用いられ得るのではないでしょうか。

## 地域の「つどい場」

教会から少し離れたところに私が以前住んでいた家があるのですが、その場所が自由に使えることになり、今度はそこで「つどい場」というのを始めてみました。

一般的には「居場所」という表現がよく使われていますが、西宮市内の同様の取り組みは、この「つどい場」という言葉を使います。例えば、西宮市の社会福祉協議会は、市と協働で、市民が気軽に集まれる場所としてのつどい場作りを二〇一三年度から推進しています。さかのぼれば、既に二〇〇三年に、丸尾多重子さん（ＮＰＯ法人「つどい場さくらちゃん」理事長）が認知症と介護家族の集まりである「さくら会」を基盤として「つどい場さくらちゃん」を立ち上げており、そこでつどい場という言葉を使われました。それをきっかけにつどい場という言葉が西宮市内に広がり、今では全国的にも広がっています。社会の情勢、地域の状況、そこで求められるニーズに合わせて、住民自身の活動を生かす方向で、空き家や共同住宅の集会室を活用してふれあい喫茶や昼食会等のサービスを提供するのです。体系的な理解や模範的なあり方についてはまだつかめていないもどかしさがありますが、あちこちの地域で自主的、自発的につどい場が生まれています。

今日、配布していただいた資料の中では、西宮のつどい場ネットワークに登録された一三のつどい場が紹介されていますが、現時点では一五に増えているようです。登録されていない多くの類似の活動が存在していることも確かだと思います。

## つどい場いちご畑の取り組み

今、私が取り組んでいるのが甲子園のつどい場いちご畑です。二〇一四年四月に甲子園地域の二番町ハウスという家を利用して、西宮市の推進も受けて、このつどい場を開設しました。当初よりコミュニティカフェとミニコンサートの二つを実施するのが特徴です。今のところ、月に一度、第三土曜日に高齢者対象の集いを開いています。次の四月で四周年になります。ちなみに始めは町名を付けて「二番町ハウス」という名称でつどい場もスタートしたのですが、それでは二番町に住んでいる人しか参加できないという印象があるとの意見が出まして、二年目の二〇一六年五月に名称変更をしました。あの辺りは昔はいちご畑が多く、私の幼少時代の原風景でもありますし、一期《いちご》一会《いちえ》の出会いを大事にしたいという思いもかけて、いちご畑という名前にしました。

高齢化する社会の中で自己責任論という言葉までが声高に言われ、地域に住む方々の不安や心細さは増大しています。高齢者のことについても、地域のあり方をもう一度見直していかなければならないという思いが自ずから芽生えてきていると思います。

私たちのこの活動では、自然に、ゆるやかに見守り、さり気なく支え合うコミュニティ作りを大事にしています。見守りという言葉が言われるようになってもう一〇年、一五年経つでしょうか。この言葉には、何だか監視されているようだとか、干渉されたくないとか、そういった思いを持つ人もいると思いますが、ゆるやかに気にかけ合うことが大事だと思っています。

現在、任意のボランティア団体の組織化を少しずつ整備するとともに、民間の活動助成金を受けてつどい場を継続しています。二〇一六年九月、カフェ以外の取り組みとして、高齢者が積極的に活動するためのシニアサロン講座を、その助成金を用いて月に一度開くことになりました。つまり、ミニコンサートを楽しみ、お茶を一緒にいただき、おしゃべりするカフェとは別の日に、シニアが各々の趣味や特技を披露する担当を決め、それを関心をもって互いに学び合うシニアサロン講座が加わったのです。カフェの取り組みをしている際、高齢の方々の中にさまざまな能力や経験、趣味をお持ちの方がおられるという発見がありました。カフェをしていても、サービスを受けてばかりでは申し訳ないと言ってお手伝いをしてくださる方々が出てきました。そういうお姿を見て、シニアの経験や潜在的な能力、知識を用い合えたらいいなと思ったのです。互いの知見を持ち寄り刺激し合う場所、高齢期の健康保持と社会参加の場所、そして広い意味での介護予防の場所として考えています。助成金の期間が終わる時、この企画がなくなるのは寂しいとの多くの声があり、今ではカフェの取り組みに接続する形で、節約しながら続けています。

厚生労働省との関連で、認知症カフェ（オレンジカフェ）を推進する方向が大きく出てきていますが、認知症だけに対象を絞ることには私自身抵抗感もあります。私たちは、あえて認知症カフェという名称を用いないことにしています。多様な人々がいつでもやって来られる場所にしたいのです。先日、また別のところから活動助成金をいただくことが決まり、課題となっている男性の参加を促進するためのひと工夫をする段階に来ています。

皆さんにお配りした資料には、今年一月の「ニュース」を入れています。毎月このような形でシニアサロン講座とカフェの様子を伝えています。橘高さんが更新を担当してくださっているホームページ（http://2bancho.net/index.php?FrontPage）もありますので、関心をお持ちの方はぜひご覧ください。「集う・つながる・支え合う」という私たちの取り組みのコンセプトについても説明しています。

## 組織・運営・財政

体制としては、代表者を私・峯本の連れ合いが務めており、具体的な運営は、併設している高齢者コミュニティケア研究所の運営とともに橘高さんが担当してくださっています。今はまだ活動年数としては短いのですが、今の活動をさらに検証し、どのようにして次の展開に結びつけていくかを皆で考えていきたいと思っています。

運営・財政面では、カフェの時に受け取っている一人五〇〇円の参加費、助成金、そして寄付やバザーの売上金があります。会場となる家は個人所有で、無償提供していただいています。立ち上げ支援金としては社会福祉協議会から三万円、年間にいただくものとしては公共機関からのものとして兵庫県ボランタリープラザからの活動助成として二万五〇〇〇円、つどい場への見学の協力ということで西宮市社会福祉協議会から活動サポートとして一万円です。その他、民間の助成金として過去に採択されたものが三年間で六件ありました。安定した運営とは言えませんが、ボランティアや各方面からの支援を受けて自助努力をしつつここまで来ています。なお、無償提供の家は、一九八〇年に建てられたもので、手入れはされてきていますが耐震基準は満たしていません。

## 取り組みの実際

これまでの活動のいくつかを紹介します。二〇一四年八月のつどい場のカフェのオープンの日、この第一回目には女性コーラスのミニコンサートを楽しみました。小さいですが庭もあり、子ども連れで来てくださった方もありました。高齢者対象のカフェということで考えていましたが、地域の子どもたちにとっても高齢者とふれあう機会が、また高齢者にとっても子どもたちとふれあう機会が大事だと思います。

多世代にわたる交流が大事だということで、そのようなプログラムも企画しています。二〇一四年の八月にはある男性高齢者が「おもしろ科学」というテーマで、いろいろな道具やおもちゃを作り、多世代を楽しませてくれました。二〇一五年七月には、地域でのコミュニケーションを豊かにしようとコミュニケーション講座を開きました。市役所の職員の方がヴァイオリンコンサートを友人たちと行ってくださったこともあります。二〇一六年七月には関西学院大学の学生ゴスペルのグループ、パワー・オブ・ヴォイスのメンバーが来てくれて、この時も感動的なコンサートをしてくださいました。若い方が来られると高齢者の方々は喜ばれます。

シニアサロン講座で、例えばある時にはバングラディッシュの医療活動に取り組んでこられた女性の医師の方にお話をしていただきました。関西学院大学の人間福祉学部の教授をしていたスウェーデンの方にお話をしていただいて、交流したこともあります。ある時には、多世代交流として、東灘で活動されている男性ボランティアグループをお呼びしておもちゃ作りを、また、地域の高齢男性に篠笛《しのぶえ》作りや演奏を皆にご指導していただきました。高齢者が誰かに何かをしてもらうのではなく、そういった自分の趣味や特技を誰かのために生かすというのは意味のあることです。自分の役割や居場所を持てるように意識したいものです。このシニアサロン講座では、八〇歳を超えた高齢者が、多肉植物の寄せ植えや常備菜の料理講座を担当されたり、最近では、長年たしなんでこられた茶道でお正月の茶会を開き初釜気分を味わったり、カフェで日本舞踊を皆で学び、踊ったりしました。

登録ボランティアは男性三名、女性一一名で計一四名です。そのうち活動に加わってくださるのが平均一〇名ほどになります。ボランティアも高齢化しており、ほとんどが七〇歳代の方々です。最高齢が八〇歳、若い方で六〇歳です。カフェ利用者は平均で二〇名ほど、講座の参加者はボランティアを含め一五名ほどになります。常連さんは七五歳以上の方々がほとんどで、デイサービスへ行くほどの介護レベルではないけれど、高齢になり外出が難しくなりがちな方々、健康不安を抱えながらも通ってくる元気のある方々です。九〇歳以上の方も三名おられ、その年齢で元気にしておられるのを誇りにしておられたりします。そういった方々が元気にされ、おしゃれを楽しんでおられる姿を見ると、七〇歳の私が年寄りを気取っていられません。ちなみに男性の参加者はやはり少ないです。この点は今後の課題の一つです。しかし、参加者であった高齢者がボランティア活動にも加わる流れが出てきていることは驚きでした。長年、病気の夫や一〇〇歳を超える母親を介護・看病してこられた数名の方が、お世話をしてきた配偶者や老親を看取った後の燃え尽きや喪失感の中で、癒しを求めてつどい場に来られ、そのうちに自らボランティア活動をされるようになり元気を取り戻していかれる様子を目の当たりにしました。繰り返しになりますが、高齢者が支えられるだけではなく、何らかの形で活動を支える立場にもなりうる力があるという点を大切にすることが地域の豊かさや強さにつながると思います。

今後も、高齢者が少しでも安心して住み慣れた地域で生活を続けるために、何ができるかを考えながら活動していきたいと思います。

最後に、神学セミナーで活動報告する機会を与えてくださった故・榎本てる子先生に感謝申し上げます。

推薦参考文献

中島修・菱沼幹男共著『コミュニティソーシャルワークの理論と実践』中央法規、二〇一五年。

G・ラベル著、小田兼三訳『教会と地域福祉実践』新教出版社、一九九八年。

現場報告

# 地域で見守り・支え合う

## つどい場活動

## 報告者2　橘高通泰

橘高通泰（きつたか・みちひろ）
1968年、関西学院大学社会学部卒業。1970年、関西学院大学大学院社会学研究科修士課程修了（社会福祉専攻）。新武庫川病院ケースワーカー、兵庫医科大学病院医療社会福祉部助手を経て、1988年、兵庫医科大学社会福祉学教授、医療社会福祉部部長。2009年、兵庫医科大学定年退職。2003年、特定非営利活動法人ハートフル理事長。

## はじめに

今、峯本さんがお話しされた活動に協力させていただいている橘高です。今回の報告は、峯本さんから「一緒にやりませんか」と声をかけていただいたのがきっかけです。私は「地域で人のつながりを作ることの意味」というテーマに絞って進めさせていただきます。

私はもともと大学病院で相談の仕事を三〇年以上してきました。定年退職の後は、地域の障がい者の方、特に精神的な障がいを持っている方が地域で生活していくのをサポートするNPO法人の代表をするようになって、自分の立ち位置や仕事内容が大きく変わりましたので、現在、感じていること、考えていることを、さらにつどい場いちご畑での働きから地域をどう捉えれば良いのかということを少し整理してお話しします。

## 地域とのつながりによる生活

大学病院はひと言で言えば専門家の集まりです。それぞれの専門職が病気の治療やリハビリのためにチームを組んで取り組みます。それに対して私どもの法人は、病院に入院している人ではなく地域に住む人の生活を支援することになりますので、対象になる人の捉え方が変わります。立ち位置が変わると、見え方が変わってくるのです。支援の対象となる人たちも、私自身も同じ地域に住んで、人々や事柄とのつながりの中で生活をしています。さまざまなつながりによって生活が成り立っているということが見えてきます。そこで、人々の生活を支えるということは、地域の中でさまざまな関わりを作ることが何より大事だと感じるようになりました。いちご畑での取り組みでのボランティアの方々との話し合いは、かつての大学病院の中での会議や話し合いとは全然違うものです。地域とつながるということの大切さを事あるごとに感じさせられていきます。高齢者だけではなく、若い人も職場と生活する地域をもっと結びつけて生きていくということを考えても良い気がします。

私が代表をするＮＰＯ法人（ハートフル）では、精神に障がいを持つ人の地域での生活を支援するいくつかの事業に取り組んでいます。例えば長期にわたって五年、一〇年と精神科の病院に入院している方が、退院して地域での生活を始めることを支援しています。「障がい者総合支援法」という法律の下で、できるだけ住み慣れた場所で、その人らしく暮らしていくための支援をしていくのが福祉サービス事業所の目的であり、仕事です。

これまでにも障がい者の社会参加ということが言われていましたが、この障がい者総合支援法の用語で言いますと〈地域移行支援〉、〈地域定着支援〉などがあります。特に精神の障がいの場合、当人が居住する地域にどこまで根付いていけるかがポイントですが、それがなかなか難しいのが精神の障がいをもった方の特徴だと思います。それに、私たちの法人は取り組んでいます。

## 地域とつながるための支援のプログラム

精神の障がいがある人を地域で暮らし続けることをサポートするというのは、高齢者の方が地域で支え合いながら、高齢になって何かと不自由が多くなっても自分らしく暮らしていくということと重なる点が多くあります。

私どもの運営している福祉サービス事業に、グループホーム（共同生活援助）があります。障がいのある方々の共同生活の施設です。先程の長期入院を経験して地域移行支援の対象になる方々は、だいたいが地域に帰ることに困難をお持ちです。「自分は一生病院で過ごす。その方が安心」と思っている人に〈地域移行〉を促すのです。まずは、グループホームの世話人の方から日々の生活をサポートしてもらい、時々の相談にも乗ってもらいながら、グループホームの仲間と共に地域で暮らすことを体験してもらいます。

さらに、以前グループホームでの生活を経験して、今では市営住宅でその人らしく生活しているグループホームのＯＢ・ＯＧの住まいに見学に行きます。地域で普通の暮らしをしている楽しさや喜びを先輩から直接教えてもらうのです。そこから自分でも、アパートを借りて一人暮らしをしてみようかという話になります。

もちろん、部屋を借りるのにも大変さがあって、保証人や家族の同意といった問題があり、それらを乗り越えていかなければなりません。

すでにホームを出て生活をしておられる「地域生活の先輩方」との話し合いの場を持つという機会もあります。そこでは、先輩から「あのスーパーだと○○が安く買える」と話を聞いて、スーパーの安売りに関心を持つようになります。市営住宅の抽選が外れた場合は民間で探さなければなりませんが、不動産屋のスタッフの方に来てもらって住居を見つけるための方法やコツなどをレクチャーしてもらうという機会も作りました。そういったプログラムを通じて、仲間や、地域のいろいろな人々とのつながりを作るお手伝いをしているわけです。

## つどい場としての二番町ハウス、いちご畑

つどい場いちご畑の取り組みと重ねて考えてみますと、人が集まる場所、人が出会う場所というのは地域で暮らすためのベースになるものではないでしょうか。つどい場の中では、先程の峯本さんからのお話にもあったようなプログラムが進められています。趣味や特技を持っておられる方々のところに、それに大なり小なりの関心を持つ人が集まってきて、地域に新しいつながり、関係が生まれます。こういう拠点が地域のあちこちにできて、地域が活性化していくように思います。

少し前に、つどい場のボランティアや参加者の方々に、日頃の活動に関するアンケートを取りました。ある方は「いろいろな楽器の演奏を目の前で聞けてうっとりです」と書いてくれました。本格的なコンサートではありませんが、身近な奏者が素敵な音楽を演奏することへの感動がある

のだと思います。「敷居が高かったのですが、九〇歳のお父さんを連れてきたくて参加しました」と書いてくださった娘さんもいます。自分が住んでいる地域に、遠方に暮らしていた父親を呼んできたのは良いが父親はその地域に友人も知り合いもいない。つどい場が、地域に馴染むための入り口になったわけです。ボランティアによる細やかな心遣いに感謝を記してくださった方々もありました。このようなつながりがいちご畑では展開しているわけです。この活動が地域作りへと発展していくにはまだまだ時間が必要ですが、あの場所で生まれるつながりをどういう方向に育てていきたいかをしっかりと自覚することが大事なのだと思います。とてもやりがいのある取り組みです。

これまでの取り組みは三段階に分けられると考えています。第一に、開設当初は、認知症家族会に参加されていたボランティアを中心にスタートし、展開されていました。基本となる部分ができていたので力強く踏み出せましたし、以前にあったつながりから多くの人々が参加してくれました。しかし、つどい場と言われても内容がどんなものか想像しにくいという側面もありました。自治会などで行われているふれあい喫茶やいきいき体操とどこが違うのかという問題です。第二に、そのような課題を持ちながらも掲示板での宣伝やチラシのポスティング、コンサート活動などを通じて自主的な参加者が集うようになり、本当に地域のつどい場になっていきました。ただし、男性の参加者が少ない状況がありますので、その点は今後も課題です。第三に、活動を続けるうちに参加者の方々が協力的になってきて、一緒に活動をするような形態が生まれてきました。

## 今後の課題と展望

最後に、これからの課題と展望についてまとめたいと思います。つどい場を作り、維持していくためには地域活動を行う他の団体や人との情報共有と連携がとても大事です。行政の支援、地域の包括支援センター、ボランティア、民生委員といった方々とのつながりの中でこそ、今後の活動の広がりが生まれると思います。認知症の早期発見のためには、専門家やボランティアのみならず、地域住民が認知症に関する理解を深めるための啓発も必要です。高齢者のみならず引きこもりの方々も取り組みの対象になっていただけるのではないかという思いもあります。

加えて、地域における見守りや支え合いの活動を継続的かつ効果的に進めるためには行政による支援体制の充実が不可欠です。安定して高齢者の介護予防や自立支援をするためには、つどい場は一定の地域ごとにあることが望ましいと思います。また、少し踏み込んで言えば、キリスト教の教会は場所やボランティア精神や能力を持つ人材を提供できるのではないでしょうか。高齢者の孤独防止、老化による不安や心身の変化への相互の気遣い、さらには地域にある多くの潜在的な課題（独居者、子育て支援、子ども支援、障がい者支援、心のケア等）のために仕えるつどい場の一つに、教会もなり得るのではないでしょうか。そのような展望をも持ちつつ、私たちは今後も取り組みを重ねていきたいと思っているのです。

ワークショップ

# 教会の取り組みの現実と要望

井上 智

井上 智（いのうえ・さとし）
2002年関西学院大学大学院神学研究科修了、博士課程後期課程満期退学。2002年より、岩手県にある日本基督教団日詰教会主任担任教師、日詰幼稚園副園長となる。2005年には園長となりキリスト教保育に携わる。2010年度には認定こども園ひかりの子を開設し保育所を開所。2016年度より関西学院大学神学部教員に就任（旧約聖書学担当）。現在に至る。

準備
用紙、マジック（五色ほど×グループ数＝以下G）、大きめ付箋（二色×G）、模造紙（G）、仮項目の名称タグ（教会、財政、設備、個人、牧師×G）、大きめの「教会」タグ（G）

## ワークショップの目的

「高齢社会と教会」という主題の中、各自が考えている「教会の取り組みの現実と要望」を具体化するためにイメージマップ（イメージマップとは、特定の言葉に対してどのようなイメージを持っているかを可視化する方法の一つです）の作成を行います。その後、どのような課題を認識していたのか、どのような分野が多かったのかを参加者と分かち合う中で、他教会の取り組みを知り、自身に欠けていた視点を知る・気づくことを目的としてワークショップを行います。

## ワークショップの流れ

1　イメージマップの作成
「高齢社会の教会」をスタート地点として、そこから連想ゲームのように思い浮かべた言葉をつなげていきます。
例　高齢社会の教会－信徒の高齢化－病気－通えない

高齢社会の教会－礼拝のあり方－説教－聞き取れない、など

２　分類化

出てきた言葉がどのようなジャンルのものかを考え分類化していきます。その際、分類項目は各自で自由に考えます。分類できないものがあってもかまいません。

（例）

| 内容 | 分類項目 |
|---|---|
| 信徒の高齢化 | 財政面 |
| 病気 | 牧会 |
| 聞き取れない | 設備面 |

３　共有化

グループに分かれ、各自で作成したイメージマップを共有していきます。その後、グループごとに各自のイメージマップで出てきた言葉を取り上げ、分類化して一つの教会として作り上げ、各自の教会で行っている対応等を分かち合います。

## まとめ

各グループで作成したイメージマップを会場に張り出し、自由に閲覧できるようにしました。「表　ワークショップ結果まとめ」（全ワークショップで出された内容を筆者がまとめました）にあるように、さまざまな内容・項目が出ましたが、解決策・対応がないものもあります。解決策・対応がない内容・項目は、今現在は教会内で大きな問題になっていないのかもしれませんが、今後、解決策・対応が必要な問題になってくるかもしれません。解決策・対応がある内容・項目は、参考にできるものがあるかもしれません。

しかし、ワークショップで出された内容・項目は教会が「高齢化」したから出てきた問題なのでしょうか。例えば、説教が聞き取れないという課題は高齢化だけに生じるのではなく障がい者にも対応する課題でもあります。障がい者に対応してきていなかったということにもつながります。そのような各自の問題意識を可視化、具体化することのできたワークショップにもなりました。

表　ワークショップ結果まとめ

| 区分 | 内容・項目 | 解決策・対応 | | |
|---|---|---|---|---|
| 個人 | 性格の変化（保守的、頑固等） | － | | |
| | 体調面の変化（病気がち、聞こえ、トイレが近い、長いとつらい） | － | | |
| | 感性の違い（テンポ、静かがよい等） | － | | |
| | 心理面（孤独感、目的の喪失、新しさへの抵抗、昔話が増える） | 週報の内容を詳しく | 賛美歌練習の実施 | － |
| | 通えなくなる（病気、介護等） | 送迎の実施 | ＩＴ技術の活用 | はがきの作成 |
| | 奉仕の負担（掃除、ＣＳ等） | 自動掃除機の導入 | － | |
| | 死への備え（終活等） | 葬儀セミナーの実施 | － | |
| | 信仰の継承（家族、教会員） | 子、孫を連れてくる | － | |
| | 時間的余裕がある人の増加 | 個人の特技を教会内外で活用 | － | |
| | 地域との関わり | ＮＰＯ法人の設立 | カフェ等の運営 | － |
| 教会 | 礼拝出席の減少 | 送迎奉仕 | ＩＴ技術の導入 | タクシー券配布 |
| | 若い人がいない、少ない | 高齢化に特化する | － | |

| | | | | |
|---|---|---|---|---|
| | 高齢化は悪いことか | 信仰の先輩からの学び | | − |
| | 教会員の家庭との交流 | 家族向けの集会の開催 | | − |
| | 交わりの場の確保 | 教会外への働きかけ | 雑談等の交わり | − |
| | 新来会者が入りにくい、招きにくい | − | | |
| | 居場所作り | コーヒーサービス | 平日の昼食会 | 終末ケアの充実 |
| | 地域との関わり | 教室の開催 | − | |
| | 週報の字の大きさ | 拡大した週報の作成 | プロジェクターの使用 | |
| 設備 | 物理的障壁（段差、階数、寒さ等） | 土足化 | バリアフリー化 | − |
| | トイレ（ユニバーサルな） | 多目的トイレの導入 | − | |
| | 椅子のクッション | 礼拝時間の調整 | クッションを入れ替える | |
| | 聞こえ、見えない | 音響設備の導入、更新 | | 照明の変更 |
| | 会堂改築・保守 | 営繕積立 | − | |
| 財政 | 献金の減少、未納 | 還暦献金のすすめ | 遺産寄付の奨励 | 維持献金の開始 |
| | 謝儀の減少、払えない | − | | |

| | | | | |
|---|---|---|---|---|
| | 他教会との合併 | ― | | |
| 牧師 | グリーフケア | 信徒牧会の養成 | 遺族の集い | ― |
| | 牧師の負担増（訪問、葬儀） | 信徒の自覚 | 牧師との会話を増やす | |
| | 牧会方法の検討（若者養成等） | 組織の見直し | ― | |
| | 説教（内容、長さ、聞こえへの配慮） | ― | | |
| | 高齢化による機動力の低下 | ― | | |
| | 若い世代とのギャップ | ― | | |
| 運営 | 家庭集会の会場が減る | 地域集会の充実 | ― | |
| | 役員、奉仕の担い手が減る | 教会の委員会等の見直し | | ― |
| 礼拝 | 立つ、座ることが困難 | 座ったままの礼拝の実施 | | ― |
| | 保守的 | ― | | |
| | 疲れる | 礼拝時間を一時間で終えるようにする | | ― |

神学講演

# 高齢者と教会

## なにが共生を阻むのか

中道基夫

中道基夫（なかみち　もとお）
関西学院大学神学部、同大学院博士課程前期課程修了。ハイデルベルク大学神学部神学博士。関西学院大学神学部教授。
著書 『現代ドイツ教会事情』（キリスト新聞社、2007年）、『天国での再会　キリスト教葬儀式文のインカルチュレーション』（日本キリスト教団出版局、2015年）、他。

## 高齢者のために、ともに、よって

これまで神学、教会の課題として高齢者について論じられてきたときには、まず旧約・新約聖書は高齢者についてどう語っているのかということを問うてきました。さらに、組織神学・歴史神学の中で神学者が高齢者について何を語っていたのかということを検討するということでした。そこから、キリスト教的な高齢者観というものを引き出し、現代に学ぶべきものを見いだそうとしてきました。それは単に高齢者について考えるというよりも、社会的な意味が失われていると思われがちな高齢者の意味を神学的に見出そうとする試みであると言えます。

実践神学的、牧会学的なアプローチにおいては、老い、老いに伴う身体的・経済的・社会的・精神的喪失の意味とそれに対する牧会的ケア、死を目の前にした人々のケア、死別を経験した人のケア、そして認知症に対する理解とその牧会的ケアなどが論じられてきました。

これは、高齢者の「ために」というテーマです。こういった課題に、教会はなにができるのかということが問われてきました。

さらに実践的で具体的な教会の取り組みとして、高齢者と「ともに」礼拝を守るためのアイディアについても議論されています。

ここで申し上げるまでもなく、各教会において、送迎、バリアフリー化、字の大きさや音響的なことなど、礼拝や集会の中でさまざまな工夫がなされています。それで十分というわけではなく、さらに具体的な取り組みの必要性を皆さまが感じられておられることと思います。

しかし、いっぽうで高齢者が主体となって、つまり高齢者に「よって」教会形成をしていくことについては、まだまだ議論と発展の余地があるのではないかと思われます。教会の中で、高齢者が主体となって、それぞれの社会的経験や能力が活かされるような活動が展開されているでしょうか。その逆に、むしろそういうものが押さえつけられていることはないだろうかと反省する面もあります。

現在、「青年伝道」ということが言われ、青年に教会に来てもらうためにはどうしたらいいかということは議論されていますが、「高齢者伝道」ということはあまり話題にはなりません。ここにも、高齢社会が抱える問題が、教会に否定的に働いている一面が見られるのではないでしょうか。つまり、社会、教会の担い手となる将来性のある青年には関心が寄せられますが、段々と能力が衰えてくる高齢者への関心は弱いのではないでしょうか。

## 「老い」から「いかに生きるか」

これまでは、高齢者の問題は「老い」とか、「病気」とか、「死の問題」として扱われてきました。ある時代の中では、「老い」・「死」・「病気」というテーマで、一つの本が構成されて、高齢者を理解するためには、「病気」を理解する、「老いていく」ということを理解する、そして「死」を理解するという取り組みがなされてきました。

しかし、今は高齢期をいかに生きるか、その生き方はどのようなものかを考えるのが、課題となっていると言っていいと思います。そういうアプローチが、ジェロントロジー（老年学）であり、そこではさまざまな議論が展開されています。そういう意味では、教会の中でも高齢者自身が、自分の生きる意味について、語る機会を持つことが、大切ではないでしょうか。

これは一つのアイディアですが、高齢者が長く生きてきて、そのプロセスの中で、どのように信仰を歩んで来たのかという証を、本や、ビデオにして教会の伝道に用いてはどうかと思います。

高齢者が教会で何かのサービスを受けるという受け身ではなくて、社会に対して発信する取り組みが必要です。そのために、高齢者も若者も共通に取り組むようなプログラムが必要ではないでしょうか。そういう証を単純に印刷するということではなく、現代的なメディアを使って発信するということを、青年と高齢者が共に取り組むということが教会でなされ、教える立場、仕える立場ではなく、共に悩み、共に新しいものを創り出す仲間としての取り組みがあってもいいと思います。牧師の働きとして、このような共働のプログラムをコーディネートする働きを担っていくことによって、さまざまな人材の賜物を活かす創造的な教会形成ができるのではないでしょうか。

もう一つ、ジェロントロジーの議論として、アメリカの調査では、「高齢者の半分以上が、高齢になるほど、信仰の強さを感じ、神との距離を身近に感じるようになった」という報告があります。「七〇代の、七割の人が、信仰深くなることは、『人生の重要な到達点である』」と考えていますし、「死後の世界」とか、「死」、「魂」というものを、非常に意識的に考えておられる方が多く、改宗される方も、高齢者に多いということです。「改宗」というのは、信仰を変えるというだけではありません。「今ある信仰を、もう一歩進める可能性」というのも、青年たちに比べて、高齢者の方に多いと言われています。「祈り」であるとか、「神さまとの関係を、もう一度考え直す」ということが、なされています。

このような高齢者の積極的な評価に基づいて、説教がなされ、集会の内容を考える必要があろうかと思います。それは、牧師が一人で考えるよりも、高齢者の方と話し合う中で検討し、取り組んでいただければいいかと思っています。

このように、今回の講演において、教会における高齢者のケアの問題について、「ために、とも に、によって」という視点で語ろうと思っていました。しかし、準備を進める中で、本当の問題は高齢者に対する配慮やサービスの問題ではなく、もっと根本的な問題があるのではないかと考えるようになってきました。そして、その問題を神学的に考えなければならないのではないかと思い始めたのです。

## 共生の場・共同体の形成

これまでは、高齢社会における教会の課題というものをカタログ的にお伝えしましたが、ここからは共生の場としての教会、共同体の形成ということを、神学的にお話しできればと思います。

山下勝彦氏が、『超高齢社会とキリスト教会』（キリスト新聞社、一九九七年）という本の中で、超高齢社会の問題に対応するためには同じ教会員でだけ集まっていて、つながっているだけじゃダメだとおっしゃっています。地域と連帯できる教会へと変わっていかなければならない。高齢社会の問題も各個教会でやっていても限界があるので、地域の幾つかの教会と協力して、取り組まなければならないだろうと言っておられます。

しかし、教会間が協力しようとしても、どうしても教会間に壁があり、協力が難しい現状があります。どうして各個方式・単立型教会形成を越えて、教会間で協力できないのでしょうか。なんとなく分かる気はしますけれども、そういう協力体制へと移っていかなければいけません。山下氏は、教会は信仰理念共同体として信仰の理念は共有しようとするけれども、実際それを「生きる」ということを共有する共同体になっていないのではないかと指摘しています。「どう生きるか」ということを共有することができる教会へと変わらなければいけない。そして、「閉鎖型自己完結的団体」としての教会は、周りの人々から、「あの建物の中で、何がなされているのか、まったく分からない」と思われています。もしくはそんな関心さえも持ってもらっていないかもしれません。地域と連帯していくためには、自己改革をしていかなければなりません。

西村篤氏が「高齢社会における教会の社会的役割」(『基督教研究』)という論文の中で、山下氏の発言に加えて、「地域の高齢者の痛みを、自分の痛みとして受ける共感を持たなければいけない。その時、初めて教会は地域の中に存在する教会として、地域からも受容され、必要とされる共同体として、社会的役割を担うことができる」とおっしゃっています。

つまり共生が、求められています。共に生きることが、必要です。しかし、世の中で、なにがこの共生を阻んでいるのでしょうか。このこと関して、今日は少し考えたいと思います。私の独断的な意見かもしれませんけれども、今回のセミナーを準備する中で、出会い、考えたことを、お話ししたいと思います。

## 高齢社会のなにが問題なのか

二〇一八年二月一七日土曜日の新聞に、「京都の特養、一七人虐待か」という記事がありました。実際に高齢の入所者が虐待されたかどうか分かりませんが、この施設の一七人の人が骨折したり、体に痣があったそうです。

「津久井やまゆり園」の殺人事件（二〇一六年）を覚えていらっしゃいますか。障がい者を次々と殺していった、「ナチス以来の、障がい者の殺害だ」と言われた事件です。「なぜ高齢者が虐待されるのか？」「高齢者が虐待される社会というのは、一体どういうこと何だろうか？」ということを、少し考えてみたいと思ったわけです。

厚生労働省がまとめた「高齢者虐待対応調査結果概要」という報告では、二〇一五年には高齢者の虐待に関する相談・通報件数が、二万六六八八件あり、虐待として判断された件数が、一万五九七六件あったということです。これが、年々増加し、それが積み重なる件数となっています。なぜ、これほどまでに高齢者が虐待されなければならないのか。このことを考えずして、教会で高齢者向けのサービスだけを考えたり、楽しく過ごすだけでいいのでしょうか。そこでは、共生ということは絵空事になってしまいます。

経済学者の西川潤氏が、『共生主義宣言　経済成長なき時代をどう生きるか』という本の中で、「人々がある特定の価値観に縛られているときは、偏見がはびこりやすい。戦前・戦中の全体主義、軍国主義時代には、些細なことで『非国民』とか『国賊』と言うヘイト・スピーチが横行した。……効率と競争が重視された高度経済成長時代にも、障がい者、女性、定住外国人、先住民などの『弱者』が作られた。その思考様式が無意識のうちに私たちの脳裏に染み込み、障がい者はいない方がよい、殺すのは『日本のため』という今回の事件（津久井やまゆり園の事件のこと）の犯人の独善的な思い込みに反映してはいなかっただろうか」ということを問うています。高度経済成長時代の中で、弱者を作り出していくという構造が私たちの中に染みついていないでしょうか。さらに、西川氏は日本の現状を「経済のグローバリゼーションによる格差の増大、女性、若者、子ども、高齢者の貧困と、国内の不満は次第に積もっている」と分析し、そのような状況が国外には敵を、国内には「弱者」を作り出しているのではないかと指摘しています。西川氏は、経済成長なき時代をどう生きるかということに対して、「共生主義が必要だ」ということを訴えているのです。

西川氏の「戦争－経済成長－戦争の循環の中で、偏見と差別が助長される」という主張から考えるならば、高齢者虐待の背景には「経済成長」「経済成長主義」という大きな力が働いているのではないかと思えます。

「高齢化社会は問題だ」と言われますが、皆さんは、高齢社会のいったいなにが問題だと考えておられるでしょうか。内閣府の「選択する未来」委員会が出した「選択する未来――人口推計から見えてくる未来像」では、高齢社会の問題として、人口急減・超高齢化を挙げ、それが経済成長に以下のような悪影響を与えると言っています。

• 人口減少は経済成長を低減させる。高齢化が進むことで、将来に備えて貯蓄を行う若年者が減少し、過去の貯蓄を取り崩して生活する高齢者の割合が増えることで、社会全体で見た貯蓄が減少し、投資の減少にもつながる。
• 生産年齢人口が減っていく経済では生産性が落ちる。人口が急減し、高齢化が進む社会においては、生産性の向上が停滞する懸念がある。
• 人口急減・超高齢化の進展の下では、社会保障負担の増大などによって現役の働き手の世代の負担増加を続けていく懸念がある。負担と受益の関係が大きく損なわれると、経済へ悪影響が生ずる恐れがある。
• 人口急減・超高齢化の流れを緩和する取り組みの重要性はもちろんであるが、ある程度の人口減少・超高齢化の中でも経済発展を持続できるよう、過去のパターンにとらわれず、新しい発想で立ち向かっていく必要がある。

ここで、「高齢社会というのは、経済の問題なのですか？」「経済成長を阻むから問題なのですか？」ということが問われなければなりません。しかし、この問いは私たちにとって一つの社会状況への分析や批判ということではなく、この「経済成長」が、神学に関わる問題として、そして、救いが語られるべき力として認識されなければならないのではないかと感じています。

## 経済成長という神

キリスト教で「福音」ということが言われますが、いったいなにが福音なのでしょうか。世の中でいわゆる福音＝良き知らせというのはなんのことなのでしょうか。教会の中で語られる言葉が、あまりにも宗教的なものに偏ってしまって、現実世界の中で語られる「福音」というものとの相剋といいますか、衝突がなくなっているのではないかと思うのです。ルカによる福音書でも、皇帝アウグストゥスが象徴する「ローマの平和」という福音と赤ちゃんイエスの誕生がもたらせる「神の平和」がぶつかっているわけです。この福音の衝突を現在どのように捉えるのでしょうか。「ローマの平和」に匹敵する現代日本の福音、新聞で報じられている福音とはいったい何でしょうか。キリスト教はそれに対抗する福音を語ろうとしているのでしょうか。それとも、社会の片隅で人知れず教会の中でだけ通用する福音を語っていくのでしょうか。

経済成長は、一つの社会的現象ではなく、もはやそれが現代人の「宗教」と言うべき存在になっているのではないか。社会の中では、経済成長が現代の人々をさまざまな問題から解放し、救いをもたらす具体的な「福音」ではないのか、という認識をキリスト教は持たなければならないと考えます。

十戒の中で、「わたしをおいてほかに神があってはならない」（出エジプト二〇・三）とありますが、これは既存の他宗教に対する問題ではなく、現代の「神」「宗教」、つまり私たちを幸せにすることを約束するものとの関係で論じなければならないのではないかと思うのです。

そして、この経済成長という「福音」に対して、キリスト教はいかなる福音を語るのかということを考えなければなりません。高齢者へのサービスは、それは社会的な団体として当然対処しなければならない課題です。しかし、そのサービスも経済的な効果だけで考えるのであれば、私たちも結局は「経済成長という神に仕える宗教」の中のキリスト派でしかないのではないかと思います。

私たちを支配し、私に従っている限りあなたたちを幸福にしますよという神とは何か、そのような宗教とは何かを問わなければならない。それの神とは、「経済成長」という神、「経済成長」という宗教ではないかということをいいたいのです。

フランスの経済学者であるダニエル・コーエンが、『経済成長という呪い』という著書の中で、ドイツの哲学者のヴァルター・ベンヤミンの「資本主義　宗教としての資本主義」という考えを紹介しています。

ベンヤミンは経済成長には三つの宗教的な構造があると主張します。

①経済成長は宗教として機能する。経済成長に関係しない考察は、すべて不敬として退けられる。

②経済成長は、「休みなく、そして情け容赦なく」である。経済成長の示す論理は突き詰めなければならないのだ。

③異議を唱えると、異端者として糾弾されることだ。つまり、富を生み出すための独創的な努

力を惜しむ者は、呪われた者なのだ。

という言葉を引用して、経済成長がいかに私たちを支配し、罪に定め、私たちに価値を与えるものなのかを訴えています。

教会でも、学校でも経済が最優先事項として語られます。特にそれが数字で表現され、その数字こそが絶対的な価値を持ちます。そして、三六五日二四時間休みなく働き、二四時間休みなく消費し、経済成長に貢献することが求められています。富を生み出さない者は肩身が狭い、つまり罪人と見なされます。

高齢者の価値がもしこの「経済成長」によってはかられるならば、何も生み出さないということで高齢者は社会の中で役に立たないというのであれば、まさに私たちは「経済成長」という神の支配下にあるのではないでしょうか。

哲学者のヌスバウムは、この経済至上主義の社会の中で、哲学はまったく無用の長物にされており、経済学から哲学は軽視されていると嘆いています。そして、教育も経済成長に資するものであるという考えが支配的であると述べています。そうならば、ましてや、宗教など目もくれるわけもなく、宗教も宗教そのものが持っている価値ではなく、どれだけの経済効果があるかどうかで評価されることになります。

ダニエル・コーエンは、ルネ・ジラールの『身代わりの山羊』から示唆を受けて、「経済成長がうまくいっているときには、それでその幸福を享受することになる。しかし、うまくいかなくなったとき、つまりもはや経済成長が見込めなくなったとき、幸福が約束されなくなったとき、人々は犠牲者を求めるようになってくる」と言っています。そこで、人々は同質のもので集まろうとし、異質なものを攻撃し、自分たちが本質的に苦しんでいることから目をそらそうとする。コーエンによるならば、「経済成長は……人々の衝突を和らげ、無限の進歩を約束する妙薬だ。人々は自分にはないものを欲しがる。そのような人々の暮らしにおけるありふれた惨事を解決してくれる」。いろいろと社会に問題があるけれども、その解決は経済成長にあるという福音が語られます。そして、「経済成長により、人々は社会の一員になり、社会は人々を保護すると約束し、社会的な敵対関係は緩和される」。しかし、現在、経済成長は見込まれません。経済成長を実感できるような時代ではありません。つまり「不況になって経済成長が消え失せると、暴力が再燃する。その犠牲になるのは、しばしば少数派である」と述べています。

現代はどうでしょうか。経済成長が見込まれるでしょうか。あまり期待されないのではないでしょうか。「経済成長」という神のもとで、人はどのように幸福になっていくのでしょうか。経済成長そのものがだめなわけではない。経済成長を否定するわけではありません。そのようなことは必要です。しかし、経済成長が神になり、それが福音になり、私たちを支配する力となる。その力が消えようとするときに、人々は同質性を求めるようになる。そして、経済成長に寄与しない、むしろ負担になると見なされている高齢者、障害者が犠牲者となっていくのではないでしょうか。高齢者虐待の背後には「経済成長」という神の存在が考えられないでしょうか。

# バベルの塔と五つのパンと二匹の魚

「バベルの塔」（創世記一一・一―七）の「世界中は同じ言葉を使って、同じように話していた」という言葉には、同質性を求める社会の姿が描かれていないでしょうか。そして、「石の代わりにれんがを、しっくいの代わりにアスファルトを用いた。彼らは、『さあ、天まで届く塔のある町を建て、有名になろう。そして、全地に散らされることのないようにしよう』」という言葉は、経済成長とそれに寄与する技術革新、そしてそれがもたらせる幸福が語られています。経済成長の象徴としての塔は、幸せの象徴でもあります。それはまさに、現代の社会が同質性を求め、異質なものを排除し、経済成長を崇拝する状況を表しているのではないかと思われます。そして、これは最終的には「互いの言葉が聞き分けられぬ」状況、つまり共生できない状況に至ります。

それに対して、聖書は「五つのパンと二匹の魚を分かち合うイエス」というイメージへと私たちを導いていってくれます。ここに共生のイメージがあります。どんどんと上に成長していくバベルの塔の福音に対して、小さなものを分かち合っていくという社会の豊かさ、それを経験することができる共同体の形成という福音を語っていかなければならない。そのとき、「神から私を切り離すものは何か。命を生き尽くすことから私を切り離すものは何か」というものを見極めなければなりません（D・ゼレ／L・ショットロフ『ナザレの人イエス』）。私たちが持つ福音に敵対する福音を明確に意識しなければ、私たちは現代に福音を語れないのではないでしょうか。

## おわりに

佐伯啓思という経済学者が「経済成長こそは、今日、われわれを捉えて離さない最も強力な価値観のひとつであろう。あまりに当然のことになってしまい、わざわざその重要性など説くものもほとんどいないほどであろう」「新聞は日々、景気の動向や成長率の上昇下降について紙面をさき、時には、それが政権を揺さぶることもある」（『経済成長主義への訣別』）と語っています。経済成長主義は、これほど力を持ち、現代に福音を語り、呪いを語る最も強力な力となっていきます。この力を前にして、キリスト教は何を語っていくのかということが、問題ではないでしょうか。

まさに詩編四二編の作者が嘆くように、経済成長を崇拝する人々はキリスト教に向かって、「絶え間なく言う／『おまえの神はどこにいる』と」という状況の中にあるのではないでしょうか。

聖書的に言うならば、私たちはバビロン捕囚ならぬ、経済成長偏重主義捕囚の中にあるのではないでしょうか。問題は、私たちはそこから抜け出したいと思っているのか、それとも教会はその中にあるささやかな平安を語り、提供しようとしているのかが問われてくると思います。「シオンよ、逃げ去れ／バビロンの娘となって住み着いた者よ」（ゼカリヤ二・一一）というように、私たちは捕囚の地であるバビロンに留まり、希望を失った娘になっていないか、経済成長の娘になっていないかということが問われています。

経済成長を阻むもの、重荷になるものとして評価され、その犠牲者となっている高齢者に対して、教会はどういう共生社会を作り出していくのかが問われています。共生する社会を作り出す力、希望、福音を示しているのか、またそれを邪魔しようとする力をしっかりと見据えて、それに抵抗する力を持ち、その力とは違う福音を示しているのかということが、高齢社会の中で教会に問われていることだと言えます。単なる、高齢者サービスに関するノウハウの問題ではなく、高齢社会の中で教会は語るべき福音を持っており、それをもう一度現代に通じる言葉で語る必要があります。

現場報告

# 病院と老健チャプレンの働きから気づかされること

上田直宏

上田直宏（うえだ・なおひろ）
関西学院大学大学社会学部社会福祉学科卒業、関西学院大学大学院社会学研究科博士課程前期課程修了、関西学院大学大学院神学研究科博士課程前期課程修了。
関西学院教会伝道師を経て2013～2018年、在日本南プレスビテリアンミッション　淀川キリスト教病院チャプレン。

本日は病院チャプレンとしての五年間の働きについて報告をさせていただき、少しでも皆さんとお分かちできることがあればと思います。どうぞよろしくお願いします。

内容としては、チャプレンと言いましても具体的にはイメージしづらいところがあるかと思いますので、はじめに病院と老人保健施設におけるチャプレンの働きについて紹介させていただきたいと思います。続いて患者さんや利用者さんとの関わりを通して気づかされることを具体的なエピソードを交えながらお話しさせていただければと思っています。

## 病院と病院チャプレンの働き

私の勤めております淀川キリスト教病院は現在五八一床、内ホスピス病棟が二七床、職員は一五〇〇人以上という規模の病院です（二〇一八年二月二〇日現在）。病院の名前はホスピスで知られることが多いですけれども、実際には急性期の病院のため、全体としては在院日数の短い病院です。同法人の関連施設としては老人保健施設、地域に開かれた教会として大阪チャーチ等が挙げられます。

淀川キリスト教病院は全人医療の理念を非常に大切にしており、「からだとこころとたましいが一体である人間（全人）にキリストの愛をもって仕える医療（介護）」を掲げています。医療は伝統的に身体中心に診てきましたけれども、淀川キリスト教病院では長年、身体だけでなくこころも、また、こころというだけでも収まらないような、救いや神様を求めるたましい（スピリチュアリティ）も含めた全人的な人間である患者さんに関わることを大切にしてきました。このことが病院の雰囲気や職員に行き渡る一つの理由には、病院が宗教法人だということが言えると思います。月曜日から土曜日まで毎朝一五分間の礼拝を行っており、職員を中心に、患者さんやご家族、ボランティアさん、地域の方たち、あわせて二〇〇人以上が礼拝に参加しています。職員のクリスチャンの割合は一〇％未満のため参加者の多くはクリスチャンではありませんが、長年勤めている職員は何となくキリスト教精神を理解し、患者さんのスピリチュアルなニーズを察知するとチャプレンへとつないでくれます。チャプレンとして非常に恵まれた環境で活動させていただいています。

次にチャプレン室の働きですが、現在チャプレン五人、スタッフ二名というメンバーで活動しています。このメンバーで礼拝（メッセージは私たちの他にクリスチャンスタッフも担当します）とお昼の伝道放送（水曜日、日曜日を除くお昼の三〇分間）を行っています。いずれもチャペルだけでなく院内の廊下や各病室のテレビで放送され、好きでもそうでなくても、院内ではキリスト教の放送が朝と昼になんとなく流れてきます。また、水曜日にはチャペルにて三〇分間の午後礼拝を行っています。

チャプレン室のもう一つの主な働きとして患者さんの訪問があります。大きく二つの訪問のタイプがあり、一つは新患訪問、もう一つは介入依頼による訪問です。新患訪問は前日に入院した患者さんのリストをもとに、病棟スタッフに訪問する患者さんのお加減を確認してからお訪ねします。チャプレン室全員で手分けし、基本的に前日入院された方全員（新患）を訪問します。そのため入院されると一度はチャプレン室の誰かが来ることになります。この新患訪問は淀川キリスト教病院に特徴的なのですが、患者さんからすればチャプレンの突然の訪問を怪訝に思われるのもよく分かります。そのため私たちは訪問時、ごあいさつと共に、メッセージや祈りの言葉、クリスチャンの詩等が記載されている週報を渡しています。その説明をしながら、今でなくともいつでも呼んでくださいとご挨拶をさせていただくのです。もちろん、全く関心がないという方もたくさんいらっしゃいますし、訪問するといきなり怒られることもありますけれども、そこから関わりが始まって、継続的な関わりにつながっていくことも少なくありません。

介入依頼による訪問は病棟から、患者さんが牧師と話したいと言っている、死にたいと言っている、独り身で孤独感が強い、せん妄が出ていて不穏だ等、いろいろな依頼を受け、患者さんにも了承を得た上で訪問します。その他チャプレン室を直接訪ねてくださる患者さんやご家族もいらっしゃいます。いずれの関わりも、電子カルテに記載し、医療スタッフと連携することを大切にしています。

その他の活動を簡単にご紹介いたします。ホスピス病棟では毎週お茶会を行っています。毎回音楽ボランティアさんの奉仕と、チャプレン室による聖書のメッセージがあり、その後自由に歓談を持っています。その際に救いや赦しの話を聞いて本当に安心される方、ご自身の思い出に重ねて歌を聴きながら涙を流す方、患者さんは容態がずいぶん厳しくなって出てこられなくとも、心動かされるように聞いておられるご家族、いろいろな方が参加されます。ホスピスに限らず、病床洗礼もさせていただきます。患者さんご本人の場合には結婚式をさせていただくこともあります。看取りがあり、ご希望であればその後の葬儀も行います。葬儀は仏式ですることが家の都合で決まっているけれども、それに近いことをしてほしいという場合には、病室でお別れ会をさせていただくこともあります。

患者さんが亡くなられた後のグリーフケアについては、関わった患者さんのご家族だけでなく、スタッフにも行っています。看取りの多いスタッフは非常に消耗しています。最近ではホスピスにおいても在院日数が短くなっています。おそらく社会全体がそうなっているのではないかと思いますが、医療技術の進歩によって、かつては手の施しようのないとされていた方々にも、かなり病状が進行してもぎりぎりまで何かしらの治療が可能になったように思われます。それに伴い以前は入院後ゆったりと過ごすことができる方もいらっしゃったけれども、今は入院時にはコミュニケーションがあまり取れない患者さんも増えています。最期まで心を込めてケアしたい、看取りたいと思っておられるスタッフたちは悲しむということも十分にできないまま新しい患者さんとの関わりを始めていかなければなりません。そうしたスタッフたちの相談を受けたり、振返りの時を持ったりお祈りさせていただきます。他にスタッフ向けのキリスト教についてのプログラムや研修等を通しても、慰めや希望が語られることを願って臨んでいます。こうした実践から、チーム医療やキリスト教主義医療の実践につながっていけばと願っています。

次に、地域に向けての働きですが、私たちの法人には、大阪チャーチという地域に開かれた教会があります。毎日曜日に礼拝を行っており、チャプレンの一人はこの教会専属です。五年前、専属の牧師がおらず十分に機能していなかった頃は教会員は一～二人しかいませんでしたが、今では約三〇人に至ります。一つの要因として取り上げたいことが、病床洗礼とそれに関わることです。ご入院中に洗礼を希望される方が時々いらっしゃいますが、かつてはその方の住んでいる地域の教会の牧師にお願いして来ていただいていました。それまでの関わりはチャプレンたちであっても、面識のない牧師先生に洗礼だけ授けていただくというのは、来てくださる牧師先生にとっても気の毒なことで、患者さんとしてもその後の関わりは続きにくいということがありました。この懸念から、思いはあっても洗礼まではいいという患者さんもいましたが、今は大阪チャーチがしっかりと受け皿になっているため安心して洗礼を受けられるようになりました。ご家族が病床で一緒に洗礼を受け、その後も教会に通い続けられたり、患者さんの召された後も覚えて大阪チャーチに来てくださるようになったりしています。教会員の増加はそれだけが理由ではありませんが、このような方たちが増えています。先に召された患者さんの娘さんが教会で結婚式をしたり、赤ちゃんを連れてきてくださったりという、神様のなさりようの不思議な広がりを間近で見せていただいています。

淀川キリスト教病院は医療法人でなく宗教法人ということもあって、伝道のためなら退院、転院、退所された方の訪問が許可されています。ご本人の希望に添って、自由にご自宅や転所先の施設や病院にも継続して行かせていただいたりもします。そういうことも安心の一つの材料になるかもしれません。

病院や老健で見せていただいて感じることは、死や危機的な状況に際してご本人がどのように生きている／生かされているかということや、ご本人に教会と周りのキリスト者がどのように関わるかを、ご家族はよく見ておられるということです。それらは証となってご家族をも励まし慰め、結果的にご家族への伝道にもつながっているように思っています。

## 老人保健施設とそこでのチャプレンの働き

今回の神学セミナーのテーマ、高齢社会と教会というテーマに沿って老人保健施設についてお話しさせていただきます。私はこの一年間、病院よりも老人保健施設を担当しています。淀川キリスト教病院の老人保健施設（老健）は一階が通所、二階、三階が入所で三階が認知症フロアとなっています。利用されるのは近隣の方が多く、入所者さんは平均して九〇名から一〇〇名を推移しています。老健というのは、老人ホームでも病院でもなく、また自宅でもない中間施設にあたります。たとえば病院に入院したけれども、すぐには自宅での生活に復帰することができないという方が一時的に老健を経由して次のところに移っていかれるような施設です。ただ、中間施設ではありますが、実際には在宅復帰は難しく、特別養護老人ホームの入所もできず、いくつかの老健をローテーションで巡っている方もしばしばいらっしゃいます。また、私たちの老健では、近年看取りに積極的に取り組むようになっています。入退所を繰り返す中間施設ではありますけれども、入所してお身体の状態が落ち着いたから家に帰る。家に帰って少し弱って再び入所する。これを繰り返しながら、最後までご自宅にも近く、ご家族も通いやすい場所で安心して過ごすことができる。このような役割も担うようになっています。

さてこの老健でチャプレンは何をしているかといいますと、病院と同じように月曜日から金曜日の朝礼拝を行っており、そこには職員以外に入所者さんが一〇名以上参加されます。また、聖書に親しむ会を月に二度、絵や写真を用いながら聖書のお話をさせていただいたり、認知症フロアの方には、讃美歌を歌う会を月に二度行い、「主、我を愛す」や「慈しみ深き」といったおなじみの讃美歌を毎回歌います。歌うたびに、皆さん毎回初めてのように新鮮に聞いてくださったり、少し覚えては口ずさんだり思い思いに参加されています。こうした働きは認知症のケアとしても効果的ということで、音楽療法的な効果もあるように思っています。

主な活動は週三日のフロアのラウンドです。入所者さんを回るのですが、要はうろうろしているのです。老健の入所者さんは中にはお部屋にずっといらっしゃる方もいますけれども、多くの方はフロアに皆さん集まっておしゃべりをしたり、親しい方と折り紙や何か趣味をしたり自由に過ごされています。そこへお邪魔して、一緒に話に混ぜていただいたり、反対に一人でポツンと座って過ごしていらっしゃるような方もいらっしゃいますので、そういう方たちに声をかけてお話ししたりというようなことをしています。

そこへ私は訪問セット（御言葉のプリント、週報、絵本、クリスチャン新聞、アウトドア用の低い折りたたみ椅子）をかばんに入れて行き、お話の中でふさわしそうな物を用いながら聖書のメッセージをお伝えしています。ほとんどの方がキリスト教にはなじみがありませんが、聖書のメッセージを楽しみにしてくださる方がちらほらといらっしゃいます。

認知症のフロアの方とは一緒に絵本を読んだり、御言葉のプリントを味わったりしています。

伝えていることはとてもシンプルなのですが、絵本はたとえばドン・ボスコ社の『きみはとてもたいせつだよ！』という絵本等も用います。この絵本は最後に鏡が写っていて、鏡を見ていただきながら、あなたが大切だということをお伝えしたり、「○○さんにとって誰が大切ですか？」と尋ねてお話を聞かせていただいたりします。そして、もう一つの「御言葉のプリント」というものですが、これは有名な御言葉や、その方を思って与えられた御言葉に、イメージする写真を添えたプリントをたくさん自作しているのですが、それらをファイルして持ち歩いています。認知症の方の場合、いきなり聖書の言葉を読んでも不審に思われることが多いため、「この写真きれいやね」とファイルのページをめくりながら、写真に関心を向けられたら御言葉を読むというような関わりをしています。「イエス様は、あなた方は世界の光ですって言っている、○○さんは世界の光なんですって。○○さんが世界を、私たちを輝かせてくれているんですって！」というようなことをいつもお話ししています。するとある利用者さんはそんな話聞いたことがないような感じで、驚きと共に目を輝かせて、しかし少しすると「そんなん嘘や」とおっしゃいました。でも、ひと時かもしれませんが何かが心に届いたように私は感じます。あるいは、認知症と失語症があり自分の思いをなかなか言語化できない方が、この御言葉をお読みすると、たびたび涙を流されます。こうした場面を時折見せていただけることは恵みだと思っています。また、不穏時の対応というのもよくあります。たとえば利用者さんが怒りを表出されているとき、介護スタッフにゆっくりと話を聞く時間がない場合、代わってしばらく横でお話をお聞きします。だんだんと利用者さんが不満の理由を教えてくださって、ひとしきり話し終えると、「お兄ちゃん、時間やろ、もう帰り」と向こうから満足して帰してくださることも起こります。うろうろとしている立場だからこそ、このような隙間の役割を担わせていただいているのだと思います。

老健のターミナルケアに関しては、チャプレンが老健に関わり始めてまだ一年足らずということもあり発展途上です。スタッフにはターミナルケアといえばチャプレンは関わるものという意識がある一方、利用者さんには明確に他宗教を信仰している方が多く、通常のケアからターミナルケアに移行してから関わろうとしてもニーズはないということがしばしば見られます。利用者さんを中心としてスタッフとチャプレンの相互理解の素地を丁寧に築いていく必要があるように思っています。

うまく関わることのできなかった例として、あるターミナルケアが開始された利用者さんのご家族との関わりがあります。ご家族の悲嘆が強いため、お話を聞いてあげてほしいとスタッフより依頼がありましたが、利用者さんご自身にチャプレンへのニーズはなく、ご家族も、他のスタッフから「牧師さんが話を聴いてくれるよ」とは言うものの、あまり気は進まない様子でした。それでもご家族の悲嘆は強く、ある時ご自分の思いを深くお話ししてくださったのですが、まだご自分の中で受け入れられない思いまで、その方にとって話しすぎてしまったのだと思います。私も不用意に聴きすぎてしまいました。それ以降、このご家族は避けてしまわれました。改めてご本人の希望を尊重することと、スタッフとの連携の大切さを思わされました。

## 利用者さんに見られる思い

十分に整理されていませんが、関わりを通して次のような利用者さんの思いが見られます。
- 自律性の低下への悲嘆・お世話になることの申し訳なさ。身体が安楽であることへのニーズ（クリスチャンの場合、聖書を読めなくなる、説教が聞こえない、礼拝に出られないことのつらさ）
- 尊厳のニーズ（認知症の有無にかかわらず自分で選択できる。役割がある。尊厳をもって接される）
- 存在の肯定のニーズ（世話になることが多い中で、行為によってではなく存在そのものを受け入れられたい）
- 自分の思い・身体を分かってもらえないことのつらさ（痛みは気のせいだとされてしまう、思いをうまく表現できない等）
- 愛のある関わりのニーズ（孤独や空しさを感じる。ご家族、その他においても日々のコミュニケーションの中で愛のある関わりを求めている）
- 楽しみのニーズ（時間をもてあますことの多い中で日常に楽しみがあること。例　食事、おやつ、趣味、おしゃべり、レクリエーション）
- 人生の振り返りとそれに伴う感情（思い出や人生を共に振り返ることを望む。そこでの、愛情、感謝、後悔、罪責感といった感情を表出できる）

- 日々の出来事への感謝（朝目覚めたこと、小さな親切、体調が穏やかであること）
- 不条理への問い（なぜこんなにつらい目に遭わなければならないのか）
- 人間を超えたものへのニーズ（クリスチャンではないが十字を切る、礼拝に参加する。クリスチャンの場合、最後まで祈る。イエス様が今共におられることが支えとなる。召されても愛である神様のもとへ行くということ、復活のいのちが希望となっている）

多くはお読みいただいた通りですが、取り上げたいこととして存在の肯定のニーズがあります。お世話になることが多い中で、行為によってではなく、存在そのものを受け入れられたいという思いです。一つ前のニーズでは役割があることを挙げていますが、役に立つ・生産性があることだけに重きを置くと、そうではないと感じるとき、自分には価値がないと思ったり、たましいの痛みを抱えたりします。チャプレンとしてはできることを尊重しつつも、あなたがいてくださることがすばらしいということを、「あなたがたは世界の光です」という御言葉や、ここにいる皆さんがよくご存知の聖書の言葉をお会いするたびに繰り返しながら、単純な言葉であっても誰かが伝えないと分からないと思って伝えています。

利用者さんたちがクリスチャンの場合の思いについても触れたいと思います。聖書やそのメッセージを読みたいけれど見えにくくなってきて、主を求める思いが満たされないさびしさを感じておられる方があります。それと共に今与えられている恵みに本当に祈りをもって感謝されることも多く見られます。祈ることは最後までできるとホイヴェルスの『人生の秋に』（春秋社、一九七三年）の詩にもありますけれども、言葉にできなくなってからも、本当に最後まで手を合わせて目を閉じて祈っておられるのを拝見します。

## 老いをどのように理解するか

非常に多くの方を看取ったある医師が「人は生きたように死ぬ」と仰っているのを聞きました。あっさりした人はあっさり死ぬというように。私は果たしてそうだろうかと思っています。

病院で関わらせていただいた患者さんのSさんは八〇代の女性のクリスチャンでした。以前は教会で本当によく奉仕され、ずっとお一人だったようですが、お世話をすることが大好きで人をもてなすことに喜びを感じる方だとお聞きしました。私はSさんが認知症を発症してからお会いしたのですが、Sさんはイエス様を信じて、そのままを生きておられるように感じました。家に帰りたくて看護師さんに嚙みついては後でそのことを告白されたり、「つらいときにはイエス様！　って叫んどるんや」と仰ったり、イエス様と共にある赦されたいのちをそのままに生きて証された方でした。認知症が発症しても変わらないその人らしさもありますが、変わったところも多かったと思います。信仰者だからどこまでも平安ということでもなかったかもしれません。けれども、どのように老いていくかを積極的に考えることの大切さと共に、キリスト者にとっては、その根底に「あるいはそうでなくても大丈夫」という安心があるのだと思います。自分がどれだけ揺れ動き変わったとしても、その揺れ動く舟の碇としてイエス様がいてくださることが、私たちの救いだと思います。

## チャプレンの関わりとは——患者さん・利用者さんとの関わりから

### 1　宣言する者として

「子よ、あなたの罪は赦される」（マルコによる福音書二章五節）。

私がチャプレンとして病院にいるようになって痛感するのは、想像以上に皆さんが救いと赦しを求めているということです。人では解決しない救いを求めている。私が実感しているのは、特定の宗教に依拠しないスピリチュアルケア以上に、牧師（宗教者）の関わりだと思っています。患者さんや利用者さんは、寄り添ってくれる人や分かってくれる、思いを聞いてくれる人を求めておられますが、それを超えたものもやはり求めておられます。人としてとことん寄り添ってほしいというだけでなく、私たちを通して神様を求めておられる思いを感じます。そういう時に、淀川キリスト教病院チャプレンの場合、牧師として行かせていただくのですが、傾聴ボランティアと異なり、必要な時に「あなたは赦されています」と、「大丈夫です」とはっきりお伝えすることが託されている務めだと思い、意識しています。

たとえば六〇代の男性のTさんは、背中に大きな入れ墨の入った方で、入院時、病棟にはクレームの多い、関わり方の難しい患者さんと理解されていました。私が初めて訪問した時「自分はこれまでさんざんいろいろやってきたからばちが当たった」と仰るTさんにイエス・キリストの赦しを告げると「へえ。そんなことあるん？」と満面の笑みになられ、その後ご一緒にお祈りをさせていただくようになり、最後まで心安らかに過ごされました。

## 2　見届ける証人として

「わたしは神に一つのことを求めている。生涯、神の家を住まいとし、暁と共に目覚め、神の美しさを仰ぎ見ることを」（詩編二七編四節、典礼訳）。

Kさんは七〇代の男性の方で、ご自身はクリスチャンではありませんでしたが、母方がクリスチャンの家系で小さい頃や学生時代にはキリスト教に触れてきた方でした。がんを患い何度か入退院を繰り返されながら、病状はだんだんと進行していきました。Kさんは訪問を受け入れてくれていましたが、聖書の言葉がKさんにとっての希望になっていないように感じる中で訪問し続けるしんどさを感じていました。何よりご本人がしんどいのですが、私は医療者以上に何もできない無力感を覚えていました。私が行くことがKさんにとって意味があるのだろうか。気をつかって訪問を受け入れてくれているだけではないか、などと自問したりしながら、足取り重くKさんを訪問していました。

そんな、ほとんど降参のような時に与えられたのがこの詩編の言葉です。ここには「神の美しさ」とあります。美しいのは神で、それを見ることを願うと聖書の詩人は言います。このことは私にとって慰めであり、希望となりました。私は自分自身が美しくあろうとしていたのだと思います。つまり「自分が」良い関わりをするという自分の美しさを求めていたのではないかと思うのです。

この御言葉に安心するとともに問われた気がしました。「あなたはこの人にこうなってほしい。この希望を信じてほしいと願っているが、あなた自身はどうなのか。あなたは何を信じているのか。あなたは私を信じているのか」と。その時思いました。私はKさんが、これからどのような道を歩まれるか見てきたわけではなく、知らない。その意味で、私はあたかも向こう側に立って、こうですと今言えないかもしれない。けれども、あなたを信じます。あなたが美しいことを信じます。あなたの美しさを、見せてください、私はこの方のそばで、あなたがどのようにこの方を大切にし、どんなに美しい方かを見せていただきます。そう願い祈りました。このことは、私がチャプレンとしてやっていく上で大きな転機となりました。

私たちは、何をするかとか、何を語るかということを思いがちですけれども、実際「あなたはどうなの?」ということが根本であることをも教えられます。そうは言っても揺らぎやすいのが私たちですから、信仰の交わりがあります。それが教会でもあるのだと思います。また、私の現場においてはチャプレン室がその働きを担っています。自分が揺らいでいる時にチャプレン室に戻ると、私が事柄や目の前のことに翻弄されて神様とつながっていないように思える時には皆が代わりに神様とつながっていてくれ、祈ってくれたり信仰から来る言葉を投げかけてくれたりします。チャプレン室では縦と横のつながりとたとえることがありますが、縦というのは神様とのつながり、横というのは人と人（患者さんらやスタッフ）を想定して、私たちは縦のつながりを意識して関わることが大切だと認識しています。そして私がつながれない時に、代わりに縦（神）とつながってくださる方がいる。チャプレン室というのは小さな教会的な働きをしていることを実感しています。

さて、Kさんとの関わりにおいて神様は見せてくださいました。随分弱ってこられたKさんにレンブラントの絵を持って、放蕩息子の帰郷の話をした時、Kさんは静かに「私はこの弟息子のようだ」とおっしゃいました。これまでのお話を聞くとKさんには確かにいろいろなことがあったようでした。Kさんは続けられました。「しかし今帰って来た気がする。病気になって、大半は良いことはなかった。でも、上田さんを通してイエスに出会えた」「この絵を見ただけで涙が出てくる。息子を通して、父の愛がどれほど深いか分かる」とそれは心からほっとされた様子でした。神様は、私やご家族に、神様はKさんを最後まで大切にしておられ、またKさん自身も本当に安心しておられる様子を見せてくださいました。私たちはそれを見届け、証言する務めがあるように思います。

### 3　体現する者として

「わたしは世の終わりまで、いつもあなたがたと共にいる」（マタイによる福音書二八章二〇節b）。

私たちの愛する御言葉ですが、このことは時に、体を持って行ってこそ伝わるということがあります。限られた時間だけれども、それでも一緒にいようとすることが、その奥に、共におられるイエス様をどこかで感じ取ってくださることにつながるかもしれないと思っています。

老健に、Tさんという、講演にありましたセンチナリアンの女性がいらっしゃいます。Tさんは入所してからクリスチャンになられた方で、慢性的に膝下から足の末端にかけて非常に強い痛みを抱えておられます。認知症も少しある方で、痛みの原因は神経によるのか、精神的なことによるのか、よくは分かりません。Tさんは一日のうちかなりの時間を「痛いー、痛いー」と自室で叫んでおられます。「助けて、おしまいや、おしまいや」、「この痛みどうしたらいいですかー」と、本当につらそうに訴えておられます。一体どうしたらいいのか、私に答えはありません。けれども毎回「今日は、じゃあ、どうしましょうか?」と大きく耳元で尋ねると、日によって聖書の言葉を希望されたり一緒にいることを希望されたりするので、それにお応えしています。私はTさんに何ができるだろうかという思いと同時に、お会いすることを楽しみに思っています。Tさんは私の話を聞いてくださる。聞いてくださる方というのはすごくありがたいと思います。老健の中には「知らん」とか「私、仏教やから」ととりつく島もない方もいらっしゃる中で、関わりが生じる方というのは、その方がそれをゆるしてくださるからです。

ある日Tさんを訪問すると、表情穏やかで痛みが無い様子でした。お話をしているとTさんは「あんまり痛いと死にたくなる。もう早く死にたいって思う。でも、イエス様は友達に一人でもいてほしいって言うから、そのために生きる。……私、イエス様のために生きる……」とゆっくりと静かに、おっしゃいました。その時はアドヴェントで、立派な救い主イエス様というよりも、「私と一緒にいて」、「私と一緒に生きて」という、幼子のようなイエス様を思いました。イエス様はそんなふうにTさんを慕い求めておられ、またTさんもこのイエス様に生かされていることを知り、深く教えられました。私も、Tさんに生きてほしい、一緒にいてほしいと願います。きっとTさんの思いも私の思いも、イエス様が汲み取って、そこにご自身の愛を現してくださるのだと信じています。

Tさんの一〇〇歳の誕生日に、イエス様とTさんが一〇〇個の星を見ながら歩いている絵を描いた御言葉のカードを贈りました。イエス様がTさんとこれまでも歩いてこられたし、これからも歩いていかれるという思いを込めて。チャプレンとはこうした具体的な小さな関わりを通して、私たちを越えて患者さんや利用者さんがイエス様に出会われる、その働きをさせていただく者ではないかと思っています。

認知症の方への伝道についてどのように考えれば良いかということもお話ししたかったのですが、これは今まさに課題です。ご家族との協力や理解が必要なのはもちろんですが、スタッフの協力や理解も非常に大切です。先ほど申し上げた、認知症と失語症を持っておられる方が毎朝の礼拝に出ておられ、聖書の言葉がご自身にとても響いているような方がいらっしゃいます。ある時、熱心なクリスチャンスタッフが「洗礼受ける?」と尋ねた際に、この方が一度「うん」と答えたからといってそれで進めるのは強引でしょう。この利用者さんは「あなたがたは世界の光です」に涙を流しておられる方でもありますから、心には届いていると私も思います。そもそもこの方に洗礼をということは必ずしも必要ではないかもしれません。けれども、それを丁寧に見守りながら「やっぱり本当にイエス様を求めておられるね」と皆思えた時に洗礼式が行われるならば、多くのスタッフにも喜びが伝わるのではないかと思っています。また、高齢者への伝道を通して、ノンクリスチャンのご家族も見ておられると思います。

時間になってしまいましたので、これで私からのお話を終わらせていただきます。

閉会礼拝

# いのちをもとめて

## 年長者による水の祝福

## 橋本祐樹

橋本祐樹（はしもと・ゆうき）
関西学院大学神学部助教。
関西学院大学神学部卒業、同大学大学院神学研究科博士課程前期課程及び後期課程修了、ハイデルベルク大学神学部博士課程。博士（神学)、関西学院大学。
日本基督教団飫肥教会主任担任教師、神戸栄光教会担任教師の後、ドイツ留学を経て現職。

式文構成・司式：橋本祐樹
司式：相浦和生、林昌利、西垣二一

## はじめに[1]（橋本）

この閉会礼拝では、二人の教師を通して祝福を受けます。「高齢社会と教会」を主題とする今回の神学セミナーを通して多くの学びや課題を示されたように思いますが、これからそれぞれの持ち場に新たに出かけていくために、祝福を受けて押し出されることが私たちには必要であると考えるからです。

神学セミナーの閉会礼拝は、他所でも参考になり得るような、式文を用いたリタージカルな提案型の礼拝を多くするのだと聞いています。なので、あらかじめ言いますが、この礼拝で特にポイントになるのは、第一に、祝福を単に言葉でのみ表現するのではなく、水を用いて、実際に手に触れて行うという点です。そうすることで、祝福を与える、祝福を受けるという出来事を感覚的・身体的にもよく表現しようとしています。第二に、牧者としての経験にたける年長の教師から祝福を受けるという点も特徴だと言えます。このセミナーには神学部の学生と、信徒の方々と、そして教会や伝道所や関連施設で働く多くの教師が参加しています。どの立場にある人にも、ここで祝福を受ける意味があるというのはもちろんですが、私自身の経験からさらに言えば、教師は祝福を人にすることは多くても自分が祝福を受けることはとても少ないように思いますし、祝福を与えられることを必要としているとも感じます。教師としてのやりがいも困難も味わい尽くしてきた年長の教師から直接に祝福を受けることには、後進の教師にとって特別な意味があるのではないでしょうか。最後に加えて言えば、この礼拝式文作成の際には、聖書におけるいのちの水のモチーフや、老イサクのような年長者が後進に祝福を与えるといった聖書の物語が念頭に置かれます。また、もちろん「高齢社会と教会」という今回のセミナーの主題も、ここに多くの高齢の方々が集ってくださっているということも意識されています。

前奏

開会祈祷（西垣）

神よ、私たちは御前に集います。私たちを苦しめる、いのちへの渇きを抱えながら。
神よ、私たちのところに来てください。私たちを新しくしてください。
私たちの内にあるあなたの力を、再びよみがえらせてください。
あなたの似姿として造られた私たちを歪めているものを、取り除いてください。
あなたの深い愛で、励まし、潤してください。
この世界が新しい姿を取ることへの憧れを、思い出させてください。
この世界と人間の美しさに、もう一度目を開かせてください。
この世界全体において生きて働いておられる聖霊のうねりを、信じさせてください。

イエス・キリストの御名によって祈ります。アーメン。

詩編交読（一三九編より）(2)

A　主よ、あなたはわたしを究《きわ》め／わたしを知っておられる。

B　座るのも立つのも知り／わたしの計《はか》らいを悟っておられる。

A　歩くのも伏《ふ》すのも見分け／わたしの道にことごとく通じておられる。

B　わたしの舌がまだひと言も語らぬさきに／主よ、あなたはすべてを知っておられる。

A　前からも後ろからもわたしを囲み／御手をわたしの上に置いてくださる。

B　どこに行けば／あなたの霊から離れることができよう。

A　どこに逃れれば、御顔を避けることができよう。

B　天に登ろうとも、あなたはそこにいまし

A　陰府《よみ》に身を横たえようとも／見よ、あなたはそこにいます。

B　神よ、わたしを究《きわ》め／わたしの心を知ってください。

A　わたしを試し、悩みを知ってください。

B　ご覧ください／わたしの内に迷いの道があるかどうかを。

A　どうか、わたしを／とこしえの道に導いてください。

賛美歌「枯れたる谷間に」(3)（一、三、五節のみ、『讃美歌21』一三〇番）

聖霊を求める祈り(4)（参加者二名による祈り）

天の神さま、示される目の前の課題や現実に、弱さを覚えることがあります。将来への思いが、不安に揺らぎそうになることがあります。今日私たちがあなたの御旨を新たに受け止め、御名の栄光のために喜んで生きることができるように、聖霊の助けをお与えください。イエス・キリストの御名によって祈ります。アーメン。

恵み深い神よ、日々の歩みの中で疲れてしまうことがあります。この私があなたから祝福を受けて持ち場に置かれているという事実に、心を閉じてしまいたくなる時があります。聖霊によって、この心を開いてください。あなたの御声と祝福に希望をもって心を委ねる者としてください。主の御名によって祈ります。アーメン。

聖　書　　創世記二七章一八―二一節（相浦）

ヤコブは、父のもとへ行き、「わたしのお父さん」と呼びかけた。父が、「ここにいる。わたしの子よ。誰だ、お前は」と尋ねると、ヤコブは言った。「長男のエサウです。お父さんの言われたとおりにしてきました。さあ、どうぞ起きて、座ってわたしの獲物を召し上がり、お父さん自身の祝福をわたしに与えてください」。「わたしの子よ、どうしてまた、こんなに早くしとめられたのか」と、イサクが息子に尋ねると、ヤコブは答えた。「あなたの神、主がわたしのために計らってくださったからです」。イサクはヤコブに言った。「近寄りなさい。わたしの子に触って、本当にお前が息子のエサウかどうか、確かめたい」。

奨　励[5]（橋本）

私たちは知っています。父親に祝福を求める息子ヤコブに、嘘があることを。祝福を求める者のその心に、言葉に、偽りがあるということを。そして、確かに不思議なのは、それにもかかわらず、そのような者に、祝福が与えられることです。そのような者たちを通じて、祝福が、受け継がれていくことです。

父親であるイサクが言います。「わたしの子よ。誰だ、お前は」。息子ヤコブが答えます。「長男のエサウです」。

これは嘘です。

父親イサクが問います。「わたしの子よ、どうしてまた、こんなに早く〔獲物を〕しとめられたのか」。息子ヤコブが答えます。「神、主がわたしのために計らってくださったからです」。

その口から発せられるきれいな言葉。
「そこに偽りなどない」と誰が言えるでしょうか。
差し出している、差し出してきた、奉仕の賜物。
「そのすべてが真実なものであった」とどの口で言えるでしょうか。

確かに不思議なのは、そのような者に、祝福が与えられることです。そのような者たちを通じて、祝福が受け継がれていくことです。

父が、子に言います。
「ああ、わたしの子の香りは／主が祝福された野の香りのようだ。どうか、神が／天《てん》の露《つゆ》と地の産み出す豊かなもの……を／お前に与えてくださるように」（創二七・二七―二八）。

賛美歌「主をほめたたえよ」(6)（『讃美歌21』一五一番）

主の祈り
天にまします我らの父よ、ねがわくはみ名をあがめさせたまえ。
み国を来らせたまえ。みこころの天になるごとく／地にもなさせたまえ。
我らの日用の糧を、今日も与えたまえ。

我らに罪をおかす者を　我らがゆるすごとく、我らの罪をもゆるしたまえ。
我らをこころみにあわせず、悪より救い出したまえ。
国とちからと栄えとは／限りなくなんじのものなればなり。アーメン。

水の祝福

祝福を受けるにあたり、祈りを捧げます。

神よ、ヨルダンでのイエスの洗礼によって、あなたが水を聖別されたように、この水をも祝福してください。新しい創造のわざにより、これが私たちすべてにとってのいのちの水となるように。（林）

この水を通して、あなたの聖なる力に与らせてください。私たちを確かめ、新たにする聖霊によって私たちを満たしてください。この祝福のわざは、私たちの身体と魂の慰め、癒やし、力づけのしるしです。（橋本）

あなたは私たちに聖化と刷新を経験させてくださる方に他なりません。あなたに誉れと栄光が世々限りなくありますように。アーメン。（林・橋本）

それでは、係りの者が順番に案内していきますので、合図がありましたら、中央の通路を通って進み、二人の教師の前にそれぞれ一列でお並びください。教師の前に来ましたら（表裏どちらでも良いので）両手を前に差し出して、祝福をお受けください。祝福をお受けになった後は、礼拝堂の側面から席に戻り、着席してお待ちください。

［祝福の流れ[7]］

①中央にいる年長の教職（相浦・西垣）は、両手のひらで参列者の両手を受け取る。

②年長の教職の横でサポートをする教職（林・橋本）は、器に入れた水に自分の指を浸し、その濡れた指で参列者の両手のひら（あるいは手の甲）それぞれに水で十字を切る。

③中央にいる年長の教職（相浦・西垣）は、水で十字を切られた参列者の両手をそのましっかり握り、祝福の言葉を力強く、自由に告げる。[8]

例　「平和の源である神があなたと共におられます」。

「神の祝福があなたに今注がれています」。

「主イエス・キリストの恵み、神の愛、聖霊の交わりが、あなたと共にあります」。

平和の挨拶

祝福の分かち合いを表すために、平和の挨拶を交わしましょう。立って「主の平和」「主の平和がありますように」と言葉を掛け合い、近くにいる方と挨拶を、可能であれば握手を交わしましょう。

賛美歌「あまつましみず[9]」(『讃美歌21』四〇四番)

派遣の言葉(西垣)

いのちの水、イエスの言葉。「わたしが与える水を飲む者は決して渇かない」(ヨハ四・一四)。今日、与えられた水の祝福は、霊なる神があなたがたを内側から新しくしたことのしるしです。平和のうちに、この世へと出ていきなさい。主なる神に仕え、隣人を愛し、主なる神を愛し、隣人に仕えなさい。アーメン。

後奏

注

(1) この礼拝における水の祝福、関連する祈りや文言のいくつかは『シンフォニア・エキュメニカ』所収の式文「命への渇き、生ける水の祝い」を参考にした。Dietrich Werner u.a. (Hg.), Sinfonia Oecumenica, Gütersloh: Gütersloher Verlagshaus, 1998, SS.576-581.

(2) 内容に加えて、手に触れる祝福のイメージとの共鳴を意識してこれを選択。

(3) 選定に際して、祝福の求めのモチーフ、高齢の方々の存在は念頭に置かれている。多くの課題を示された、(もしかすると)すでに疲れや惰性をも抱えている私たちが神の言葉を求めて顔を上げていく、そのための促しをも意図した。

(4) 参照した式文に関連するトマス・ミサのモチーフを意識して作成。

（5）祝福というテーマ、水による祝福という方法、また年長者による後進への祝福という祝福の主体と対象を考慮しての聖書箇所と奨励。イサクとヤコブの物語を再話しつつ、神の言葉に仕えようとする者・祝福を願い求める者の現実をそれに重ねた。礼拝全体としては、「律法から福音へ」、そしてそれに留まらず福音から新しい戒めを生きるあり方へと展開する。

（6）聖書の言葉と奨励がこの礼拝全体の転換点となる。祝福の確かな約束を、そしてその約束への信頼を受け止める賛美歌としてこれを選定。「老いも若きも」の表現は会衆の状況にも合致する。

（7）司式者のリードのもとシンプルな祝福執行になるように作成した。参加者の構成を考えると、冗長な言葉、道具の使用、動作の多さなどは、かえって祝福を受けることへの集中を妨げかねないと考えたからである。

（8）祝福のリアルな現前を求めて水を用いるのみならず、身体的な接触の要素（これが難しいケースがあることも理解しなければならないが）を採用しているが、同様の意図から直接法での祝福宣言の言葉とした。水によって手のひらに十字を切るという動作は、十字架上のイエスの傷のイメージに重ねている。救済論的な意味のみならず、奉仕や証の次元をも含意する。

（9）いのちの水のモチーフ、祝福の現実性を重視して選択。後半からは奉仕や証の要素が読み取られ、それを派遣の言葉へと結びつけた。

# あとがき

二〇一八年二月一九日（月）～二〇日（火）、第五二回「神学セミナー」（関西学院大学神学部主催）は「高齢社会と教会」をテーマに開催されました。

「人生一〇〇年時代の生きがい追求」と題した主題講演をしてくださったのは同志社女子大学現代社会学部の日下菜穂子教授でした。高齢者心理学の立場から、長寿時代の人生を「生きがい」を持ちつついかに「ワンダフル」に送るかということについてのご提案は、すでに高齢化が著しいキリスト教会にとって示唆に富む内容でした。

現場報告として、日本基督教団甲子園教会の会員である峯本佳世子様、橘高通泰様に地域の高齢者をはじめとする人々が集う居場所作りの実践「つどい場いちご畑」の取り組みをご紹介いただきました。教会の今後の活動を見据えて、講演後には活発な質疑応答が交わされました。

ワークショップは神学部の井上智助教が担当してくださいました。参加者全員が小グループに分かれ、それぞれが持つ高齢社会の教会についてのイメージや課題を共有してメモからマップを作り上げるワークはたいへん盛り上がり、予定していた時間を大幅に超えざるを得なくなったことは嬉しい誤算でした。

神学講演では、二〇一七年度から神学部長の重責を担われている中道基夫教授が、福音に導かれる高齢者のイメージあるいは高齢社会のあり方について語られました。プレゼンテーションソフトを用いた視覚的な講演は、学術的に深い内容でありながらとても分かりやすく楽しいものでした。ブックレットではその魅力を十分にお伝えできないのが残念です。

淀川キリスト教病院チャプレンの上田直宏先生には同病院の老人保健施設での実践を中心にお話しいただきました。ターミナルケアのみならず、看取りに関する新しい試みや、認知症の方との関わりなど、これからの高齢者への牧会に関わる興味深い内容でした。

閉会礼拝は神学部の橋本祐樹助教が構成された式文により、橋本助教、西垣二一牧師、相浦和生牧師、日本基督教団芦屋山手教会の林昌利牧師の四名の司式によって進められました。礼拝中に参加者全員が一人ずつ手のひらに水を受け、経験豊かな西垣牧師、相浦牧師から祝福していただく光景は感動的でした。

ここ数年の神学セミナーでは二日目の参加者が一日目よりもかなり減ってしまうことが多かったのですが、今回は一日目、二日目とも一〇〇名近いご来場をいただいたことは感謝に堪えません。魅力ある内容の講演・報告・ワークショップ・礼拝をしていただいた先生方に心から御礼申し上げます。

最後に、神学セミナーおよびこのブックレット作成の実務を担ってくださいました神学部補佐室の教務補佐の方々と大学院神学研究科生の皆さん、また出版にご協力いただいたキリスト新聞社にこの場を借りて感謝いたします。

二〇一七年度　関西学院大学神学部学外講座委員会

# 関西学院大学　神学部・神学研究科

## 多様な宣教の課題に奉仕する力を身につける

関西学院大学神学部は、伝道者を育成するという目的で、1889年、関西学院創立とともに開設された歴史ある学部です。キリスト教の教会や文化の伝統を学びつつも、それを批判的に検証する力も養います。神学的視点から現代の人間や社会の課題にアプローチすることも教育の課題です。また、実践的なカリキュラムを通して伝道者としての深い専門知識とスキルを身につけることができます。

Point1　豊かな人間性と高い教養をはぐくむ基礎教育やチャペルを重視

Point2　高度な専門研究と広範な学際研究で「人間」や「社会」にアプローチ

Point3　現代の課題に対応した多彩なカリキュラムと徹底した少人数教育

Point4　フィールドワーク・演習授業を通して社会と教会に仕える人材の育成

Point5　総合大学ならではのメリットを生かした幅広い学びが可能

関西学院大学神学部ブックレット11

高齢社会と教会

第52回神学セミナー

2019年1月20日　第1版第1刷発行


編　者　関西学院大学神学部

著者　日下菜穂子、峯本佳世子、橘高通泰、井上 智、
中道基夫、上田直宏、橋本祐樹

発行所　株式会社　キリスト新聞社

〒162-0814 東京都新宿区新小川町9-1 電話 03(5579)2432
URL. http://www.kirishin.com
E-Mail. support@kirishin.com

印刷所　協友印刷株式会社

ISBN978-4-87395-753-1　C0016（日キ販）

Printed in Japan

## 関西学院大学神学部ブックレット　既刊案内

| | |
|---|---|
| 関西学院大学神学部ブックレット1<br>**信徒と牧師**<br>第42回神学セミナー「教職／牧師論」<br>関田寛雄ほか著 | 牧師論を「牧師とは何か」という視点だけではなく、「信徒と牧師」との関係においても考え直し、今後の多様な宣教のあり方や可能性を探る。<br>1,400円 |
| 関西学院大学神学部ブックレット2<br>**癒しの神学**<br>第43回神学セミナー「心の病の理解と受容」<br>井出浩ほか著 | 心の病、特にうつ病をどう理解し、受け止めればいいのか、また教会として何ができるかをテーマに、様々な方面からアプローチ。教会と牧師が取り組むべき共同体の形成を模索する。 1,600円 |
| 関西学院大学神学部ブックレット3<br>**子どもと教会**<br>第44回神学セミナー<br>小見のぞみほか著 | 「教会学校」に通う子どもの数が減少の一途を辿るなか、新しい宣教のあり方が求められている。教会は子どもとどのように関わることができ、共にある存在になっていけるのか。 1,600円 |
| 関西学院大学神学部ブックレット4<br>**礼拝の霊性**<br>第45回神学セミナー「これからの礼拝を考える」<br>小栗献ほか著 | 「再び生き生きとした力を取り戻すとしたら、礼拝が力をもつことによってであるに違いない」。礼拝そのものが持つ霊性の問題まで掘り下げて考える。 1,500円 |
| 関西学院大学神学部ブックレット5<br>**自死と教会**<br>第46回神学セミナー「いのちの危機にどう応えるのか」<br>眞壁伍郎ほか著 | 「いのちの電話」の現場からの提言や、事前、事後の対応など、現代の教会が自死の問題にどう向き合い、どのように応えていけるのか、3年にわたる共同研究の成果から考察。 1,500円 |
| 関西学院大学神学部ブックレット6<br>**若者とキリスト教**<br>第47回神学セミナー<br>松谷信司ほか著 | 今日の教会は、若者が減少しているという深刻な状況に直面している。このような状況を少しでも打開する糸口を見出すために、若者への新たなアプローチを探る。 1,500円 |
| 関西学院大学神学部ブックレット7<br>**宣教における連帯と対話**<br>第48回神学セミナー<br>トーマス・ケンパーほか著 | 米国・合同メソジスト教会世界宣教局総幹事のトーマス・ケンパー氏を招き、メソジストの伝統を視野に入れつつ、かつグローバルな広がりで今日の宣教・伝道について共に考えた。 1,500円 |
| 関西学院大学神学部ブックレット8<br>**教会とディアコニア**<br>第49回神学セミナー<br>木原活信ほか著 | 関西学院大学では、キリスト教系の福祉施設で働く人材育成をめざして「ディアコニア・プログラム」を構築。福祉の根本にあるキリスト教のこころは何か、本書をとおして考える。 1,500円 |
| 関西学院大学神学部ブックレット9<br>**平和の神との歩み**<br>第50回神学セミナー<br>関田寛雄ほか著 | フェイクニュースが飛び交い、真実が見づらいポストトゥルースの時代。キリスト者として「平和」をどのように捉え、実現のために取り組んでいくか。幅広い世代と共に考える。 1,500円 |
| 関西学院大学神学部ブックレット10<br>**地域福祉と教会**<br>第51回神学セミナー<br>奥田知志ほか著 | 「地域福祉における教会の可能性」について、牧会、社会学、実践神学、旧約学の視点から、教会の役割と課題を考察する。<br>1,500円 |

重版の際に定価が変わることがあります。価格は税別。